# 폭력과 소통

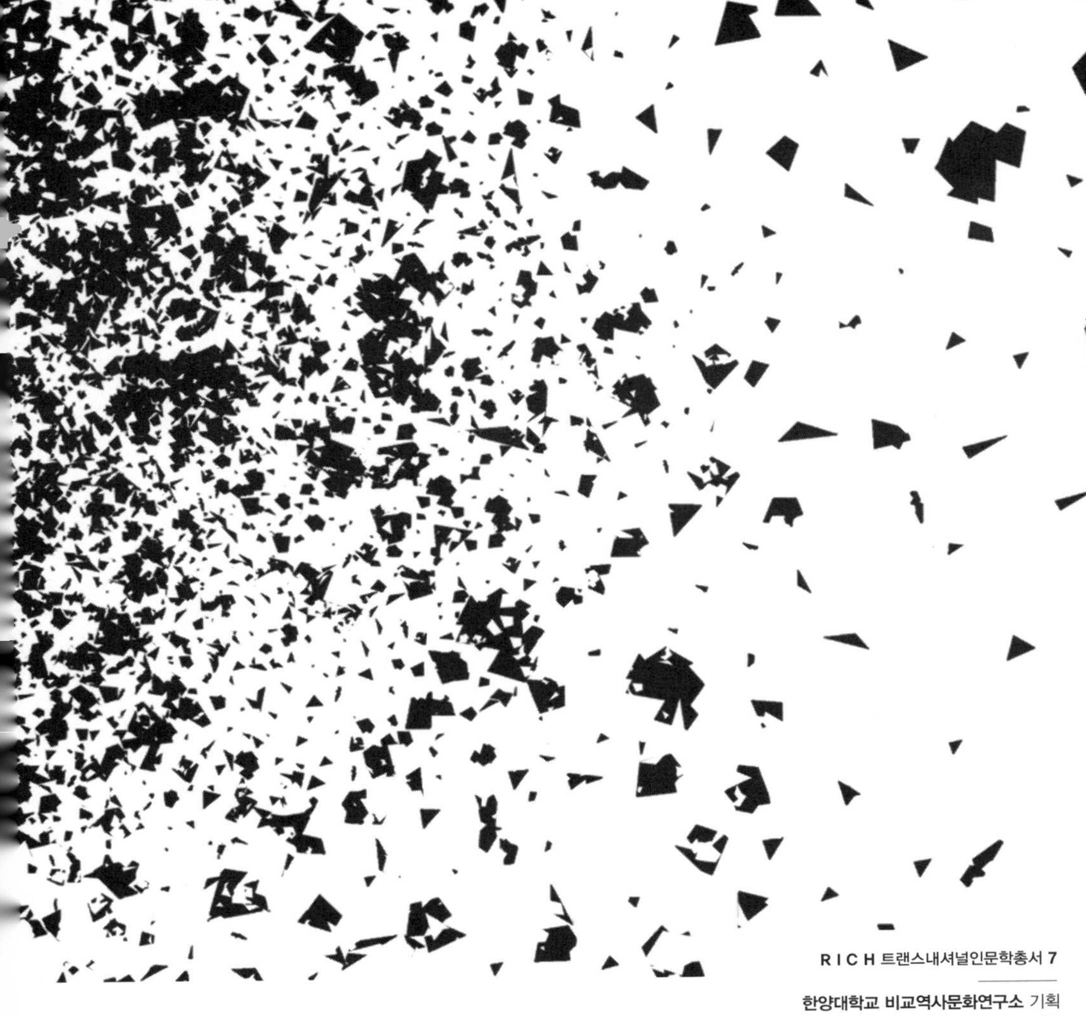

RICH 트랜스내셔널인문학총서 7

한양대학교 비교역사문화연구소 기획
이창남 엮음

# 폭력과 소통

## 트랜스내셔널한 정의를 위하여

세창출판사

# 머리말

올해로 제2차 세계대전 종전 70주년을 맞았다. 지난 전쟁에 대한 평가들이 분분했지만, 그 장대한 폭력에 대한 비판과 반성은 아직 종결되지 않았고, 앞으로도 논의되어야 할 수많은 과제를 남기고 있다. 또한 냉전의 질곡을 벗어난 지금도 급격한 지구화와 더불어 경제적 구조적 불평등이 낳는 차별과 무시 그리고 그에 저항하는 폭력이 인종과 종교 간의 갈등에 불을 붙이며 지구촌을 위협하는 새로운 위험으로 부상하고 있다.

가히 '폭력의 외부는 없다'고 할 정도로 일상적으로 편재되고 있는 오늘날 폭력의 양상을 지켜보며 시의적절한 정의의 개념과 실천전략을 새로 생각하는 일은 불가피해 보인다. 이는 과거적 의미의 정의로 역사적 과거와 현재의 폭력들이 충분히 평가되거나 해소될 수 없기 때문이다. 이 책의 필자들은 오늘날 새로이 제기되는 다양한 폭력에 대한 성찰에 있어서 이와 같이 정의의 새로운 지평이 필요하다는 인식을 공유하고 있다.

제2차 세계대전에 대한 평가는 여전히 강한 국민국가들의 정의론에 머물러 있으며, 소위 글로벌화된 지구촌에서 일상적으로 심화되는 경제적 불평등과 인종/민족적 갈등들에 대한 진단과 대응도 과거적 정의의 관념에 의존하고 있다. 더욱 심화한 현재 의식에 기초한 폭력에 대한 성찰과 전망만이 폭력의 평가와 해법에 있어서 나타나는 이러한 편향과 시대착

오 문제를 해결할 수 있을 것이다. 이러한 문제의식에 따라서 이 책은 그 문제 해결의 단초를 숙고할 수 있는 폭력에 대한 성찰의 장을 마련하고자 기획되었다.

1부 "폭력과 기억", 2부 "자유의 역설"에서 필자들은 각각의 방향에서 그러한 문제와 관련한 진단과 해법을 제시하고 있다. 1부에서는 주로 물리적 폭력과 그 기억의 양상을 다양한 문헌적 자료들에 근거해서 살피면서 폭력에 대한 담론의 전 지구적 방향성을 요청하고 있다.

1부 1장 '전시 성폭행 문제와 정의론의 임계점들'에서 이창남은 2차 세계 대전 당시 베를린과 동부전선에서 이루어진 전시 성폭행 문제에 나타나는 역사적 쟁점들을 다루었다. 90년대 유고내전을 필두로 개시된 전시 성범죄 기소와 관련하여 오늘날의 법적, 정치적, 문화적 담론의 공간 속에서도 여전히 노정되고 있는 과거 전후 처리의 젠더편향과 이데올로기적 폭력의 정당화를 트랜스내셔널한 정의론에 입각해서 비판하고 있다.

2장 '오키나와, 확장되는 폭력의 기억'에서 심정명은 오키나와 출신의 작가 메도루마 슌의 소설을 소재로 오키나와에서 미군의 성폭력을 소재로 다루고 있다. 여기서 '전후'라는 말이 무색하게 일상 속에 지속되는 폭력과 그 기억들이 재현되는 양상을 통해 60여 년 전 폭력의 기억이 전유되는, 혹은 전유되어야 할 방식이 검토되고 있다.

3장 '라틴아메리카 유해(遺骸)정치의 특징과 의미'에서 노용석은 유해의 사인에 대한 검증과 그 진실게임을 소재로 라틴아메리카의 독특한 유해정치를 다루고 있다. 특히 초국가적 특징을 지니는 라틴아메리카의 국가폭력 네트워크의 특성을 강조하면서 그에 대한 트랜스내셔널한 접근이 불가피함을 시사하고 있다.

유럽, 동아시아, 라틴아메리카에서 과거의 폭력들이 기억을 통해 현재화되고 있고, 여기에 작동하는 기억의 정치는 우리의 현재를 규정하는 시금석이 된다. 1부의 세 편의 글들은 이 점에 착목하여, 현재적으로 유의미한 방향에서 그에 대한 성찰적 개입이 불가피함을 역설하고 있다.

2부에서는 글로벌시대에 경제적, 구조적, 심리적 차별에 따른 폭력을 진단하고 해법을 모색하는 데에 초점을 맞추었다. 문성훈은 2부 1장 '지구화 시대의 폭력과 인정이론적 폭력개념'에서 인정과 무시의 연관성이 글로벌시대에 나타나는 폭력의 배후에 자리 잡고 있음을 지적한다. 그에 기초하여 그는 인정이론적 폭력개념을 제안하는데, 이를 통해 오늘날 특히 폭력적 갈등의 이슈로 등장하는 난민, 밀입국자, 불법체류자 등 지구화의 타자들에 대한 폭력을 개념화하고 해법을 제시할 수 있는 한 주요한 방향을 시사하고 있다.

2장 '신자유주의적 자유의 역설과 민주적인 사회적 공공성'에서 박영도는 경제적으로 새로운 글로벌화한 현상인 신자유주의가 어떻게 자기 훈육의 원리로 관철되면서 폭력적으로 사무실과 시장을 지배하는지 비판적으로 고찰한다. 그는 또한 불평등을 심화하고 자기훈육의 기제로 퇴행하는 자유의 역설이 전 지구적으로 관철되는 시점에 정의의 새로운 정치사회적 기반을 모색하고 있다.

끝으로 네켈(S. Neckel-번역. 김주호)은 3장 '과두적 불평등'에서 후기민주주의 사회에서 경제적 특권이 강화되고 불평등이 심화되는 양상을 분석하면서, 소위 계층 간 이동이 경직되어 구조적으로 견고한 중세적 위계가 새로이 나타난다는 하버마스의 '재봉건화' 테제를 경험적으로 재확인하고 있다. 그는 프랭크와 쿡의 『승자독식사회』, 토마 피케티의 『21세기 자본』과 문제의식을 공유하면서, 지구화의 불평등과 그것을 지원하는 정치사회적 제도들의 문제를 비판적으로 검토하고 있다.

오늘날 심화되는 경제적, 사회적 불평등이 인종과 종교적 갈등에 불을 붙이면서 지구화의 위협적 요인으로 부상하고 있다. 2부 세 편의 글들은 이러한 현재적 폭력의 배후를 지구화와 신자유주의의 문제로 진단하고 해법을 모색하였다.

이 책의 1부와 2부는 다소 다른 방향에서 폭력의 문제에 접근하고 있지만 궁극적으로 국민국가적 단위의 과거적 정의의 한계를 지양하고, 트랜스내셔널한 차원의 정의개념과 실천전략이 수립되어야 한다는 점에서 일정한 공감을 이루고 있다. 그러한 목표는 현재화된 과거의 폭력들과 경제적 구조적 폭력의 토대들에 대한 비판적 진단 속에서 이루어져 갈 수 있을 것이다. 한 권의 책으로 폭력이라는 방대한 주제를 포괄하기에는 난점이 적지 않지만, 이 책의 개개 장들은 그 성찰과 비판의 방향성을 숙고하고, 전망을 제시하고자 노력하였다.

1년여 전 한양대학교 비교역사문화연구소의 〈폭력과 소통〉 학술회의(2015년 6월 20일)는 이 책의 토대가 되었다. 학술회의에서 아이디어를 공유하고, 토론해 주신 모든 분께 이 자리를 빌려서 다시 한 번 감사드린다. 또한, 이 편서를 위해 기꺼이 원고를 내주신 필자 선생님들과 번역자 선생님 그리고 번거로운 편집 작업에 수고를 아끼지 않으신 세창출판사 편집진에 무엇보다 깊은 감사의 말씀을 전한다. 아무쪼록 여러 후속 작업들을 통해서 이 책에서 제시된 아이디어와 고민이 이후 보다 풍부한 결실로 이어지기를 기대한다.

2016년 12월

필자들을 대신하여 이창남

## 차 례

## II 자유의 역설

# I

# 폭력과 기억

# 1장
# 전시 성폭행 문제와 정의론의 임계점들[1]
## - 2차 세계대전 말 동부전선과 베를린(1944/ 1945)의 사례들을 중심으로

**이창남**

## 1. 불편한 전 지구적 이슈

90년대 이후 전시 성폭행 문제는 국제적 이슈로 부상하고 있다. 무엇보다도 발칸전쟁에서 세르비아군에 의한 보스니아 무슬림 여성들에 대한 성폭행이 실마리가 되었다. 이는 일시적이거나 우발적인 사건이 아니었고, 집단적이고 조직적인 방식으로 이루어졌으며, 성이 무기로 강간이 전략으로까지 채택되었다는 사실이 확인되면서 국제적인 공분을 불렀다. 또한, 르완다에서의 집단강간 사건(1994)과 최근 보코하람의 여학생 납치와 강제 결혼(2015) 등의 사례들과 같이 준전시 상태에서 종교 간, 인종 간의 공동체 여성에 대한 강간, 강제 매춘과 강요된 결혼은 끊이지 않는 추문을 낳고 있다.

'남자는 죽이고 여자는 노획하는' 고대 호머의 전쟁 프로토타입처럼 이른바 20세기판 전시 성 노예의 부활이라고 할 수 있다. 가장 진보된 세기

1 이 글은 2016년 『서양사론』, 129호에 게재되었다.

에 가장 오래된 전쟁 관습이 부활하는 이러한 상황은 상당히 역설적인 방식으로 문명의 허상을 드러낸다. 이러한 사례들은 특정 지역과 시대에 국한되지 않는다. 제2차 세계대전 종전 무렵인 1944–1945년 사이 동부전선과 베를린에서 200만 건에 달하는 것으로 추산되는[2] 소련군의 전시 강간을 비롯한 난징학살과 병행된 일본군의 2만 건가량의 강간 사례들[3] 그리고 70년대 파키스탄군의 방글라데시 여성 25만 명에 대한 성폭행과 베트남전에서 미군과 한국군의 민간인 강간 사례 등, 전시 성폭행은 아주 일반화된 방식으로 대부분의 현대 전쟁에서 나타나고 있다.

근래에 들어 더 심각한 문제는 전시 성폭행이 더는 전쟁을 동반하는 부수적이거나 우발적인 사건이 아니라는 사실이다. 이는 조직적이고 체계적으로 이루어진 인종청소라고 할 만한 발칸전쟁[4]의 사례들에서 충격적

2 Ingo von Münch, Frau, *Komm ! Die Massenvergewaltigungen deutscher Frauen und Mädchen 1944-45* (Graz, 2009), p.15.

3 Arpita Saha, "Rape as a war Crime: The position of International Law since World War II," Jeal 2 (2009), p.506.

4 발칸에서의 전쟁은 여러 민족과 국가들이 얽힌 복합적 양상을 띤다. 토마스 훼퍼(Thomas Höfer)에 따르면 핵심적인 것은 세르비아 독립 자치지역을 非세르비아 지역에 만들려는 세르비아 민족주의 조직과 슬로베니아, 크로아티아, 보스니아 – 헤르체고비나 지역의 다른 인종과의 갈등에서 비롯되었다. 여기에 세르비아 지역의 大세르비아인 공화국 설립을 목표로 하는 밀로셰비치를 위시한 정치인과 군인들이 가세하여 군대를 파견하고, 해당 非세르비아 지역의 세르비아인들을 도우면서 내전이 국제전으로 확산된다. 이 전쟁은 순차적으로 슬로베니아, 크로아티아, 보스니아 – 헤르체고비나로 번지고, 나토의 공습과 해당 국가의 반격으로 비세르비아 지역의 수많은 세르비아 민간인들이 탈주하면서, 이 피난민들의 거주지로 지정된 코소보에서 다수의 알바니아인과 다시금 갈등이 이어지게 된다[Thomas Höfer, "Das Ende Jugoslawiens," *Die Schande Europas–Der Krieg auf dem Balkan, Flensburger Sonderfhefte 16* (Winter 1995), pp.55–71]. 이러한 과정에서 특히 보스니아 – 헤르체고비나 여성들에 대한 세르비아 군인과 민간 군벌조직들의 조직적 강간이 크게 문제가 되어 국제적인 지탄의 대상이 되었다. 발칸전쟁을 자세히 다루는 것은 본고의 과제를 넘는다. 그러나 그 사후 처리의 법적 문제는 제2차 대전 전후 법정들과 일정한 역사적 연속성에서 검토될 필요가 있다. 따라서 본고에서는 발칸전쟁을 자세히 다루지는 않으며, III장에서 전시 강간과 관련한 국제법정의 법적 대응에 국한해서 2차 대전과 발칸전쟁 사후 처리의 연계성과 차이성을 검토하는 것으로 논의의 범위를 제한한다.

으로 드러나고 있다. 그런데도 그에 대한 국제법적 단죄는 지극히 미봉적인 데에 그쳤고, 역사적 검토도 제한적으로만 이루어져 왔다. 그럴 것이 이를 법적, 윤리적으로 주제화하는 일은 피해자와 가해자 공동체들에서 공통적으로 터부시되어 왔기 때문이다. 또한, 그것은 가부장적 국가와 민족 공동체들의 '정의'와 '자존'에 부담이 되는 일이기도 했다. 전시 성폭행이 본격적으로 국제법적, 정치적 쟁점으로 드러나기 시작한 것은 늦은 감이 있지만 유럽에서 90년대 발칸전쟁의 사후처리 과정을 통해서이다. 이와 함께 그 이전의 선례에 대한 비판적 재고도 동시에 활발히 이루어지고 있다. 본고에서 다루는 1944/1945년 동부전선과 베를린에서 소련군의 전시 성폭행 사례와 양상은 그러한 고전적 선례라고 할 수 있다.

여기서는 이 사례를 자세히 살펴보면서 90년대 이후 전시 성폭행과 관련하여 등장하는 법적 윤리적 담론들 속에 재맥락화할 것이다. 이는 제2차 세계대전 종전 당시에는 수행할 수 없었던 법과 정의의 한계에 대한 회고적 반성을 포함하여 지금도 여전히 드러나는 문제에 대한 현재적 해법을 숙고하는 작업이다. 이를 통해서 오늘날에 쟁점이 되는 전시 성폭행과 그에 부수되는 문제들과 관련하여 여러 시사점을 도출할 수 있을 것이다. 아울러 맹아적 차원에서나마 새로이 배태되는 트랜스내셔널한 정의의 필요성을 논증하고, 그 전망을 제시하고자 한다.

## 2. 소련군 전시 성폭행의 양상들

### 1) 동부전선에서 베를린까지

자전거를 약탈하는 것은 베를린에서 소련군이 행한 '가장 가벼운 범죄'

에 속한다. 반면 전시 강간을 통한 독일 여성들의 피해는 심각하였다. 수치와 굴욕의 대상인 이 문제는 거의 50년가량 묻혀 있었다. 그러나 발칸전쟁을 기점으로 열린 1990년대 국제법정이 전시 성범죄를 기소하기 시작하면서 독일에서도 제2차 세계대전 말 그와 유사한 사례들에 관한 일련의 문제적 보고들이 나오기 시작했다.

마르타 힐러(Marta Hiller, 2001년 사망)로 확인된 익명의 저자의 기록인 『베를린의 한 여인 (Eine Frau in Berlin)』도 이러한 흐름과 함께 2003년에 재출간되었다. 그 전쟁 수기가 1954년에 영어판, 1959년 독일어판이 출간된 후 절판된 지 50년 만이다. 그리고 헬케 잔더(Helke Sander)와 바바라 요르(Babara Johr)의 『해방자와 해방된 자 - 전쟁, 강간, 아이들(Befreier und Befreite - Krieg, Vergewaltigung, Kinder)』(1992), 잉고 폰 뮌히(Ingo von Münch)의 『여자, 이리와! 1944/45년 독일 여성과 여아들에 대한 집단 강간(Frau, Komm! Die Massenvergewaltigungen deutscher Frauen und Mädchen 1944-45)』(2009), 잉에보르크 야콥스(Ingeborg Jacobs)의 『법 밖의 사람들 - 1945년 독일 여성들의 운명(Freiwild - Das Schicksal deutscher Frauen 1945)』(2009), 미리암 갭하르트(Miriam Gebhardt)의 『군인들이 올 때 - 2차 대전 말 독일 여성들에 대한 성폭행(Als die Soldaten kamen - Die Vergewaltigung deutscher Frauen am Ende des Zweiten Weltkriegs)』(2015) 등을 들 수 있다.

대부분 1990-2000년대 초에 나온 전시 성폭행을 주제화한 이러한 영화, 다큐멘터리, 연구서들은 소련의 붕괴 및 구 유고 내전과 일정한 정치사회적 연관성을 지닌다고 할 것이다. 소련군 전시 강간을 주제화한 헬케 잔더의 경우 그와 관련한 다큐멘터리를 제작하였을 뿐만 아니라 구 유고 내전에서의 전시 성폭행을 주제화한 『집단강간 - 보스니아 헤르체고비나에서 여성들에 대한 전쟁(Mass Rape - The War against Women in Bosnia-

Herzegovina)』(1991)이라는 책에 서문을 쓰기도 했다. 이처럼 90년대 이후 전시 성폭행에 대한 논의는 과거 전쟁에서의 묵인된 전시 성폭행 문제를 회고적으로 쟁점화하는 일과 불가분한 것이기도 하다. 본고에서 집중적으로 살펴볼 '제2차 세계대전 말 동유럽과 베를린에서 이루어진 소련군의 전시 강간'이 근래에 새롭게 조명되는 이유도 우선은 여기에 있다고 하겠다.

1944년 러시아에서 패퇴하기 시작한 독일군을 쫓으며, 소련군의 반격은 급속도로 진행되었다. "스탈린의 오르간"이라고 알려진 포를 앞세우고, 거의 두 달여 만에 독일군이 점령하고 있던 동유럽 지역을 탈환하고, 1945년 5월에 베를린에 입성한다. 이 과정에서 동부 유럽에서 약 140만 건, 베를린에서 약 60만 건[5]에 달하는 전시 강간이 이루어진 것으로 추산되고 있다.

특히 1944년 10월 소련군이 처음 발을 들여놓은 독일점령지역인 네머스토르프(Nemmersdorf)에서의 피해는 잔혹했다. 그리고 베를린을 향한 진격로의 북쪽 해안지방인 포메른, 쾨니히스베르크를 포함하여 과거 프로이센의 영토였던 광대한 동유럽 지역에서 독일인들에 대한 소련군의 전시 강간이 이루어졌다.

주지하다시피 독일인들은 제3제국이 존재하기 오래전부터 동유럽에 폭넓게 흩어져 살고 있었다. 이들은 독일군의 패퇴와 더불어 조상들이 살던 집과 고향을 버리고 피난해야 하는 상황에 부닥치게 된다. 일부는 고향에 잔류하는 길을 택했지만, 거의 1200만이 동유럽에서 현재 독일 국경인 오더나이세 경계 안으로 도주의 길에 오른다. 그것은 독일군의 후퇴와 함

5 베를린에서의 강간 건수를 여러 자료에 근거해서 10만 건으로 집계하는 경우도 있고, 당시 베를린에 거주한 여성의 60-70%가 당한 것으로 보고 80만 건으로 추산하기도 한다[See Babara Johr, "Die Ergebnisse in Zahlen," Helke Sander, Babara Johr (Hg.), *Befreier und Befreite,* p.55].

께 이들에 대한 약탈, 강간, 살인이 일상이 되었기 때문이었다.[6]

소위 나치로부터 해방된 지역에서 소련군은 가가호호 수색하며 독일 여성들을 범했다. 또한, 독일인 피난민 행렬을 추월하여, 피난민들 사이에서도 성폭행을 일삼았던 것으로 알려졌으며, 40-50만으로 추산되는 동유럽의 독일인들이 시베리아를 위시한 강제노동수용소로 이송되는 과정에서도 독일 여성들은 강간 피해자가 되었다.[7] 소련군의 여성들에 대한 이러한 공격은 반격 초기에는 보복적 성격이 강해 보이고, 그만큼 잔혹한 양상을 띤다. 소련군의 강간 양상을 일정하게 유형화하기는 어렵지만, 상대적으로 네머스도르프를 위시한 초기 반격지점에서는 '강간 후 살해'가 기본문법이었던 것으로 알려졌다.

이는 적의와 욕구가 동시에 발동한 사례들로 독일군이 패퇴 중이기는 하나, 전선에서 여전히 건재한 상황에서 독일 여성들은 더욱 가혹한 수난을 겪을 수밖에 없었던 것으로 보인다. 피난민 행렬 중에 젊은 여성들은 천으로 얼굴을 덮거나 검댕으로 얼굴을 위장하는 방식으로 소련군의 공격을 피하는 방법을 택한다.[8] 하지만 피난민 행렬 사이에서 여성들이 납치되는 경우가 빈번히 발생했고, 그런 경우 남은 아이들은 다른 이웃의 가족들과 합류했다.[9] 한스 울리히 트라이헬(Hans Ulrich Treichel)의 소설 『실종자(Der Verlorene)』에서처럼, 이 경우 아이들은 전쟁 미아가 되는 경우가 많았다.

동부전선의 쾨니히스베르크에서 단치히를 거쳐 포메른에 이르렀던 소련군은 4월 16일 베를린 외곽지역에서 전투를 시작했고, 20일 베를린을

6 이에 대해서는 필자의 「냉전기의 적과 동지 그리고 벌거벗은 생명의 파톨로지」(뷔히너와 현대문학, 2014), 179-203쪽 참조.

7 Ingeborg Jacobs, *Freiwild – Das Schicksal deutscher Frauen 1945* (Berlin, 2009), p.88.

8 Hans-Ulrich Treichel, *Der Verlorene* (Frankfurt am Main, 2005), p.36.

9 Ingeborg Jacobs, *Freiwild,* p.118.

포위한다.[10] 수도 베를린에 처음 진입한 소련 군인들은 어디선가 날아올 총탄에 상당한 불안감에 휩싸여 있었다는 정황을 확인할 수 있다.[11] 그런 만큼 이들은 작은 반격에도 과도한 공격을 퍼부어 민간인들의 희생이 컸던 것으로 알려졌다. 그리고 이들은 집집이 수색하며 여성들을 납치했고, 저항하는 경우에는 다른 동유럽지역에서와같이 총살로 응대했다. 전쟁이 막바지에 이르고 있었지만, 소련군의 진입 초기 베를린에서 이루어진 일부 전시 강간의 사례들도 동유럽 전선에서 이루어진 것과 거의 유사한 모습을 보이는 것도 이 때문이다.

남편이나, 가족 구성원들 그리고 심지어 어린아이들과 지근거리에서 혹은 면전에서 그런 일을 벌임으로써 모든 가족구성원과 이웃들이 동시에 희생자가 되게 했고, 그것은 일종의 승리 제의와 같은 양상을 보였다. "파시스트들의 보금자리(Faschistennest)"[12]인 제국의 수도 베를린을 정복했다는 소련군의 도취감은 적 앞에서 적의 여성들을 성적으로 유린하는 방식으로 표현되었다. 잉에보르그 야콥스에 따르면 "너희, 적군 독일 병사들은 우리 공격자들에게 굴복한 것이다. 너희 여자들을 보호하지도 못하니"[13]라는 것이 이러한 성적 공격에 담긴 주요 메시지였다.

전시 강간이 싸움을 벌이는 남성들 간의 승리 표지이자, 과시적 커뮤니케이션의 일종이기도 했다는 점은 그 밖의 문헌들에서도 지적되고 있다.[14] 그것은 일종의 승리 제의였다. 다른 한편 패배자인 독일인 남자들은 강간을 묵인 방조하면서, 거의 '거세'된 것과 같은 모습을 보인다. 반발하

10 *Ibid.*, p.64.

11 *Ibid.*, p.163.

12 *Ibid.*, p.153.

13 *Ibid.*, p.12.

14 See Ingo von Münch, Frau Komm !, p.37; Helke Sander, Babara Johr (Hg.), *Befreier und Befreite—Krieg, Vergewaltigung, Kinder* (Berlin, 1992), p.34.

는 경우에도 적극적으로 소련군을 공격하기보다는, 소극적인 방식의 자기파괴를 선택한다. 요컨대 『베를린의 한 여인』에서 보고되듯 아내를 죽이고 '입에 총을 쏘아' 자살하는 방식이 그것이다.

대부분의 경우 여성들은 소련 군인들의 요구에 저항하기 어려운 상황이었으며, 잉에부르크 멘츠(Ingeburg Menz, 1925년 출생)라는 피해자는 "죽음에 대한 공포가 강간에 대한 두려움보다 컸다"[15]고 증언하고 있다. 이를 회피하기 위한 적극적인 노력이 이루어지기도 했다. 가령 고층을 두려워했던 시골 출신 러시아 군인들을 피해 베를린의 여성들은 주로 고층건물의 다락방에 은신하거나, 옷장, 소파, 발코니 등 다양한 장소에 숨었다. 또 간혹 품 안에 아이가 어머니를 구하는 수호천사가 되는 경우도 있었다.

하지만 소련 군인들의 질과 성향이 다양했고, 독일 여성들의 책략이 충분히 효과가 있었다고 보기에는 피해가 너무 컸다. 많은 경우 반복적이고 집단적으로 일이 저질러져, 피해여성들의 트라우마도 컸다. 소련 군인들을 피해서 달아나다가 추락해서 사망하거나,[16] 피해를 당한 후 실성하거나 자살하는 경우들도 수다하게 보고되고 있다.[17] 당시 이러한 전시 강간은 스탈린의 교시로는 공식적으로 허용되지 않았지만, 실제로는 허용되었다고 볼 수 있을 정도로 장교들과 사병들 사이에서 서로 묵인되고 있는 정황이 『베를린의 한 여인』에 드러난다.

구 유고슬라비아 여성들에 대한 소련군의 강간에 대해 항의하자 스탈린은 이렇게 말했다고 한다. "포화 속에 수천 킬로를 달린 병사들에게 … 그런 즐거움이 필요하다는 것을 당신은 이해하지 못합니까."[18] 스탈린은

15 Helke Sander, Babara Johr (Hg.), *Befreier und Befreite,* p.83.

16 Anonyma, *Eine Frau in Berlin,* p.125.

17 *Ibid.*, p.88.

18 Lance Morrow, "Unspeakable," Time (2/22/1993); Ingried Schmidt-Harzbach, "Eine Woche

전시 강간을 용인했던 오랜 전쟁관례를 반복하고 있다. 요컨대 그것은 병사들에게 주어지는 대가이자 다시 싸울 수 있도록 하는 "전쟁의 엔진(engine of war)"[19]이었다.

베를린에서 강간문제가 커지자 소련군 지휘부는 부대를 교체한 것으로 알려졌다. 실제 공식적인 교시로는 스탈린은 성폭행을 금지했다. 전시 성폭행에 대한 이러한 스탈린의 금지와 묵인이라는 이중적 태도는 소위 남성 중심적으로 이루어져 온 전쟁의 오래된 묵계를 따르고 있다고 볼 수 있다. 따라서 여기에 특별한 전략적 의도가 있었다고는 보기는 어려우며, 그 양상도 천차만별이다. 가령 『베를린의 한 여인』에서 러시아어를 할 줄 알았던 마르타 힐러는 비교적 어린 소련군 병사를 스탈린의 훈시를 들어가며 설득해서 성공한 사례도 들고 있다. 그러나 기습적이고 폭력적인 소련군 병사들의 습격을 피해 가는 일은 쉽지 않았다. 그들은 공격 대상이 되는 여성의 나이와 인종을 가리지 않았다. 유대인 여성도 예외는 아니었다. 한 여성은 끌려가면서 "나는 유대인이야, 유대인이야(Ich bin Jüdin, Ich bin doch Jüdin)"[20]라고 절망적으로 외치지만 소용이 없었다.

붉은 군대가 탈환한 지역에서 당시 광범위하게 이루어지던 유대인 수송이 중단되면서 많은 이들의 생명을 구한 사례들이 확인되지만, 역설적으로 전시 성폭행에서 이들은 인종과 나이를 가리지 않았다. 부헨발트(Buchenwald) 유대인수용소는 소련군 정치범수용소로 다시 사용되기 시작했다. 1945년 봄, 소련군은 '해방자'이자 '약탈자'인 이중적 면모를 띠고 제국의 수도 베를린에 등장했다.

im April Berlin 1945," Helke Sander, Babara Johr (hrsg.), *Befreier und Befreite,* pp.33-34.

19 Aripita Saha, "Rape as a War Crime," p.498.

20 Anonyma, *Eine Frau in Berlin,* p.217.

### 2) 강간에서 매춘으로

1944년에서 1945년 사이 소련군 전시 성폭행의 양상이 전개되는 추이를 정리하자면, 베를린 점령을 기점으로 강간에서 준강제 매춘으로 이행한다. 전시 민간인 여성들의 매춘은 비교적 군대가 일정 기간 주둔하는 것을 전제로 하며, 해당 지역이 곧바로 최전선이 아닌 경우에 나타난다. 그런 점에서 전시 강간과 관련된 베를린에서의 사건들은 다소 복합적 양상을 띤다. 시간이 지나면서 상대적으로 다른 지역에 비해 잔인함의 정도나 소련군의 폭력적 행위가 상대적으로 누그러진 모습을 보이는 것도 이러한 특성 때문이라고 할 것이다.

소련군 병사들에게 수차례 피해를 당했던 마르타 힐러는 소련군 장교들의 보호를 요청하면서, 그에 대한 대가성 매춘을 시작한다. 이처럼 전시 강간에서 준강제적 매춘으로 이행하는 양상이 나타나는 것이다. 이는 남성들의 위계를 이용해서 하급병사들의 집단적이고 폭력적인 강간으로부터 자신을 보호하면서 동시에 생필품을 확보하는 방식으로 이루어진다. 그런 문맥에서 소련군 장교가 보호자로 인식되기도 한다.[21]

2005년 출간된 소련군 장교 블라디미르 겔판드(Wladimir Gelfand)의 회고록에 따르면 많은 베를린의 여성들이 울면서 보호를 호소했다. 여기서 한 여성은 "당신이 원하는 건 기꺼이 할 수 있어. 하지만 단지 당신 혼자만"[22]이라고 말하며 집단적 성폭행을 회피하고자 한다. 이는 당시 반복되던 전형적인 상황이었던 것으로 보인다. 독일 여성들은 베를린의 소련군 지휘부가 자리 잡은 건물 주위에 집단으로 은신하기도 한다. 이는 무엇보다도 하급병사들의 잦은 그리고 집단적인 접근을 막기 위한 절망적인 자구책

21 Ingeborg Jacobs, *Freiwild – Das Schicksal deutscher Frauen 1945* (Berlin, 2014), p.190.

22 Wladimir Gelfand, *Deutschland Tagebuch 1945, 1946* (Berlin, 2005), p.79.

이었다.

그러나 이 가부장적 계급구조의 상부에 자리한 보호자들에게 지불해야 하는 대가도 역시 매춘이었다. 러시아 장교들이 "늑대들 가운데 늑대(Wolf unter Wölfen)"[23]로 알려진 것은 우연이 아니다. 물론 동유럽과 베를린에서 독일 민간인들의 피해를 막으려 했던 소련군 장교들의 미담도 간간이 보고된다. 그중에는 알렉산더 솔제니친처럼 스탈린을 비판한 죄목으로 군대 교도소에 구금되는 경우도 있었다. 하지만 전체 피해사례보다는 이들의 수는 예외적인 수준이라고 할 수 있다.

당시 소련군뿐만 아니라 프랑스를 위시한 서유럽 연합군들과 독일 여성들 사이에서도 비밀매춘이 성행했던 것으로 확인된다. 때로는 감옥의 남편을 빼내고자 할 때, 때로는 음식과 생필품을 얻고자 할 때, 또 때로는 다수의 하급병사로부터 안전을 확보하고자 할 때 민간인 여성들에게 매춘은 공공연히 요구되었다.

> "45년 7월 가장자리에 끄적거린 것: 우리 건물에서 미군을 사귀는 첫 여자가 생겼다. 요리사, 배, 굵고 짧은 목, 선물꾸러미들을 가져온다."[24]

힐러의 이 기록과 일치하게도 미군은 1945년 7월부터 베를린의 미군 영역에서 명령권을 넘겨받은 것으로 확인된다.[25] 굴욕과 치욕을 강박하는 이러한 준전시의 일상은 패전국 민간인과 군인들에게 공허하고 모멸적인

23 Ingeborg Jacobs, *Freiwild,* p.11.

24 "Juli 45 an den Rand gekritzelt: war die erste Frau im Haus, die einen Ami hatte: Koch, Bauch, Specknacken, schleppt Pakete an"(Anonyma, *Eine Frau in Berlin – Tagebuch-Aufzeichnung vom 20. April bis 22. Juni 1945,* p.219).

25 Ingeborg Jacobs, *Freiwild,* p.193.

것이었다.

1945년 4-7월 사이에 독일에서 자살이 급증한 원인도 일부 여기에 있다고 할 수 있을 것이다. 괴셀(C. Goeschel)에 따르면 1942년 이후 베를린에서 자살률이 조금씩 증가하기 시작하다가 1945년에는 정점에 오른다.[26] 대체로 그 원인은 연합군의 집중적인 폭격, 가족과 친지들의 사망 그리고 식량난과 생필품 조달의 어려움 등이 꼽힌다.[27] 특히 독일군의 항복 직전인 4월과 5월에 베를린에서 자살이 급증하는데, 이 시기는 또한 소련군이 베를린에 진입한 시점과 일치한다. 7만 명에 가까운 베를린에서의 자살사례들 가운데에는 전시 성폭행의 피해여성과 남성의 동반자살 사례도 다수 있는 것으로 보고되고 있다.[28]

성병도 문제였다. 베를린의 병원들에는 여성들이 수 시간을 대기해야 할 정도로 많은 여성이 서서 검진을 기다렸다. 전시 강간의 객관적 자료들이 많이 남아 있지는 않지만, 헬케 잔더는 이 문제를 객관화하기 위해 베를린의 병원 자료들을 참조한다. 그 자료들은 당시 전시 강간의 사후문제로서 성병, 낙태 등이 심각한 수준이었음을 보여 준다. 강간을 피하려고 성병 감염확인서를 준비하거나, 노숙한 매춘부로 위장한 독일 여성이 있을 정도로 러시아 군인들도 성병을 두려워했다.[29]

성병보다 더 치명적인 것은 임신이었다. 베를린에서 대략 전시 강간 사례들 가운데 20%가 임신하였고, 그 가운데 90%는 낙태했던 것으로 알려졌으며, 나머지 10%는 출산한 것으로 추산되고 있다. 1945-46년 사이 그

26 Christian Goeschel, *Selbstmord im Dritten Reich* (Frankfurt am Main, 2005), pp.312-313.
27 See *Ibid.*, p.185.
28 See Helke Sander, "Erinnern/ Vergessen," p.17.
29 See Wladimir Gelfand, *Deutschland Tagebuch 1945, 1946*, p.94.

중 5%가 탄생했는데, 약 2,200명에 달한다.[30] 이는 병원에서의 실제 검진 기록에 근거한 숫자이므로 신빙성이 있으나, 병원 검진을 꺼리고 러시아 병사의 아이인 점을 밝히기를 꺼렸던 당시 여성들의 태도를 고려하면 최소한의 숫자로 볼 수 있다.

이러한 소련군의 전시 강간은 물론 계획적인 것이라고 하기는 어렵다. 오히려 군대의 규율이나 관습이 다른 연합군과 차이가 있었던 데에 더 큰 원인이 있다고 하겠다. 소련군 전시 강간에 집중하는 논자들이 다시금 이 문제를 오랜 '동서문제'의 구도 속에 집어넣거나, '독일인 희생자 담론'을 강화하면서 나치의 범죄를 상대화한다는 정당한 문제의식에 입각해서 갭하르트(Gebhardt)는 상대적으로 서방 연합군의 전시 강간 사례들을 중심으로 이 문제를 다루고 있다.[31] 하지만 이 사안을 다루는 데에서 그러한 난점을 인정한다고 하더라도 소련군의 전시 강간은 그 경우의 수와 규모에서 여타의 경우와 비교의 여지가 없는 것도 사실이다.

소련군의 전시 강간은 실상 그 규모와 범위 그리고 그 후속 영향에 있어 유례가 없다. 그리고 일부 민간 반도들이 소련군의 진격을 동반하며 약탈과 강간을 일삼았던 정황도 나타난다.[32] 소련 정규군은 이들이 무기를 집단으로 탈취하려고 시도할 때까지 방관하고 있었던 것으로 보인다.[33] 그런데도 그것이 소련군의 전시 성폭행 문제의 책임을 경감해 준다고 보기도 어렵다. 정규군의 경우에도 역시 개별적 활동을 통제하지 않는 비규율성과 성폭행에 대한 지휘부의 관용 등은 여전히 문제적으로 남기 때문이다.

30 Ingeborg Jacobs, *Freiwild*, p.185.

31 Miriam Gebhardt, *Als die Soldaten kamen – Die Vergewaltigung deutscher Frauen am Ende des Zweiten Weltkriegs* (München, 2015).

32 Ingeborg Jacobs, *Freiwild*, p.191.

33 소련 정규군은 이들이 자신들의 무기창고를 습격했을 때에야 비로소 그들 중 반을 사살하는 것으로 대응했다. 1945년 3월까지도 이들은 건재하게 활동했던 것으로 알려졌다(*Ibid.*).

90년대 초 강제매춘을 위해 집단으로 호텔, 학교 등지에 보스니아 여성들을 구금하고, 적의 여성들의 납치와 강간만을 목적으로 하는 "강간캠프"[34]를 운영하기도 했던 세르비아군의 경우와 제2차 세계대전 당시 소련 정규군의 전시 강간은 다소 차이가 있는 것으로 보인다. 하지만 이들의 성폭행은 광범위하게 이루어졌지만 묵인되었고, 다수의 민간반도가 이들을 전선을 동반하면서 지역별로 살인, 약탈, 강간, 추방 등과 같은 방식으로 잔류 독일인들에 대한 인종정리가 이루어졌다.[35] [36] 이처럼 전쟁이 민간으로 확산된 점에서 제2차 세계대전 말 동부전선과 베를린에서의 전쟁 양상은 일견 현대전을 예고하는 것 같다.[37]

90년대 이후 발칸과 아프리카의 사례들이 보여 주듯, 현대전에서는 인신매매와 성노예화가 법적 제도적 통제가 마비된 전시에 민간 군벌이나 범죄조직들에 의해 이루어지고 있다. 이는 제2차 세계대전의 소련군 전

34 Susan Brownmiller, "Making Female Bodies the Battlefield," Alexandra Stiglmayer (Ed.), *The War against Women in Bosnia-Herzegovina,* p.181.

35 아래 III장에서 국제법적인 차원에서 전시 강간과 관련한 제2차 세계대전과 발칸전쟁의 사후처리를 검토한다. 이 두 전쟁에서 전시 성폭행 양상의 차이는 제노사이드의 형태를 띠는가 아닌가 하는 것이다. 그러나 실제 전시 강간은 '제노사이드'로도, 민간인에 대한 '인권침해'로도 국제법적 처벌 요건을 구성한다. [See Kirsten Campel, "The Gender of Transitional Justice: Law, Sexual Violence and the ICTY," *The International Journal of Transitional Justice*, vol.1 (2007), pp.414]. 사실 제노사이드 여부만으로 소련군과 세르비아군의 전시 강간을 역사적으로 전혀 무관한 별개의 사안으로 보기는 어려울 듯하다. 그것은 젠더와 여성 문제에 맹목적인 당시와 오늘날 군대와 국제법이 공유하고 있는 보편적 문제이기 때문이다.

36 독일 내부에 더는 피난민을 수용할 수 없을 정도로 재외 독일인 피난민이 증가하자 연합군 사령부는 동유럽 국가들에게 독일인 축출을 중단해 달라고 요청하기까지 한다. 잔류한 독일인들은 당연히 자신들의 독일 정체성을 숨기고 살아가야 하는 운명이었다. (이에 대해서는 필자의 「냉전기의 적과 동지, 그리고 벌거벗은 생명의 파톨로지 – 전후 동유럽의 독일인과 유럽공동체 문제를 중심으로」, 179–203쪽 참조).

37 세르비아 vs. 보스니아 – 헤르체고비나 전쟁에서 민간 조직이 깊이 개입하였다. 잔더에 따르면 특히 "채트닉(Chetnik)"이라고 불리는 세르비아 민족주의 조직은 피해여성들의 증언에서 반복적으로 등장하고 있다. [See Helke Sander, "Prologue," Alexandra Stiglmayer (Ed.), *The War against Women in Bosnia-Herzegovina*, p.xix.]

시 강간과 및 베를린에서의 강요된 매춘과는 다소 성격이 다르지만, 그 양상에서 정규전과 비정규전의 구분이 점점 모호해져 가는[38] 오늘날과 많은 비교의 여지를 남긴다.

### 3) 피해여성과 '원하지 않는' 아이의 이중배제

전시 강간 피해자는 개인적으로 그리고 무엇보다도 사회적으로 두 가지 큰 딜레마에 처한다. 한편 적으로부터 성적으로 신체를 공격받는 문제가 있다면, 다른 한편 그로 인해 자신의 공동체로부터도 배제되는 역설적 상황에 부닥친다. 전시 강간을 일종의 순교와 동등하게 취급하는 일부 라틴아메리카의 예외적인 사례를[39] 논외로 하면, 대부분 국가와 민족들은 그것을 공동체의 존엄과 순결의 훼손으로 이해한다. 이것이 바로 해당 공동체의 적이 노리는 것이기도 하지만, 피해 여성이 이중배제의 질곡을 겪지 않을 수 없게 되는 이유이다. 바로 그러한 이유로 전시 강간 피해는 거의 공식적인 표명이 어렵다. 특히 전통적인 가부장적 성윤리가 강고한 이슬람권에서의 사례는 심각한 것으로 나타나고 있다. 이라크의 쿠웨이트 침공 시 5,000명에 가까운 여성들이 임신한 것으로 추산되는데, 여기서 잉태된 아이들은 "침략의 사생아(Bastarde der Invasion)"[40]라고 불렸으며, 피해 여성들은 가족 공동체로부터도 쫓겨났다.

이러한 문제에 대해 상대적으로 관대한 편인 것으로 보이는 독일에서도 소련군의 전시 강간은 '민족적 수치'라는 차원에서 애초에 거론되었다. 50년대에 첫 출간된 『베를린의 한 여인』이 '베를린 여성들에 대한 음해'라

38 헤어프리트 뮌클러, 『새로운 전쟁』, 공진성 옮김(책세상, 2012).

39 Lance Morrow, "Unspeakable," *Time* (2/22/1993).

40 AFP/ TAZ. 13/11/1991. Zitat nach Johr, S.50.

는 격한 비난을 받게 된 것도 그런 문맥에서라고 할 수 있다.[41] 조프스키(W. Sofsky)가 지적한 바대로 '수치심'은 세속화된 시대에도 여전히 세속화되지 않은 신성성의 흔적으로 남아 있다. 바로 여성의 모태는 그러한 방식으로 해당 공동체 속에서 이해되고 이데올로기적으로 전유된다. 전시 성폭행 피해여성의 이중배제는 바로 여기에서 비롯된다. 『베를린의 한 여인』에서 모든 등장인물의 이름과 인지 가능한 것들은 삭제되고 있다. 이는 성폭력 피해자에 대해 상대적으로 관용적인 사회에서조차 사실의 공개가 문제가 될 수 있다는 점을 고려한 것이다. 이는 제2차 세계대전 당시 독일인의 피해를 말하면 안 되는 국제사회적 분위기와 함께 결국 전후 50년 이상 지속된 침묵의 배경이 되었다.[42]

따라서 전시 강간 문제는 전쟁에 참가한 공동체들의 적대적 경계를 강화하고 그 경계 사이의 여성은 이중적 배제 속에 자리하게 된다. 특히 그 피해로 인해서 임신한 경우에 상황은 더욱 심각한 지경에 이른다. 더욱이 전시 강간은 단순히 적의 여성의 순결을 훼손하고, 적 공동체의 정체성을 파괴하려는 목적으로 이루어지기 때문에 가해 병사들이 그렇게 임신된 아이들에게 관심을 두는 경우는 거의 없다. 그러나 그 아이와 여성은 상당히 심각한 정체성의 혼돈을 겪으면서 이중배제를 세대를 거쳐 물려주는 상황이 발생한다.

독일인 아버지와 교사들은 러시아 군인들에게 강간당할 경우 자살하라고 권고하였다. 그런 일을 당한 여자아이에게 아버지가 직접 손에 로프를 쥐어 주고 자살하도록 한 일화[43]는 전시 강간을 더욱 가혹하게 하는 것은 자국 내의 인종적 순혈주의이기도 하다는 점을 확인하게 한다. 이는 소위

41 Miriam Gebhardt, *Als die Soldaten kamen*, p.272.

42 이에 대해서는 필자의 「베를린의 한 여인, 그 침묵의 문맥」(『교수신문』, 2013.2.19. 참조).

43 Ferguson, *The War of the World,* p.582.

당시 독일인들의 "브라운색 신화"[44]라고 불리는데, 적들은 거꾸로 이를 적극적으로 이용한다. 이러한 정황은 독일군의 측면에서도 유사하게 나타난다. 나치의 인종 순혈주의가 동부전선에서 역설적이게도 독일군의 전시 강간 사례가 잘 나타나지 않는 이유가 된 것일지도 모른다. 우크라이나 여의사를 네 명의 술 취한 SS대원들이 강간한 사례[45]가 보여 주듯, 독일군의 전시 강간이 전혀 없는 것은 아니지만, 러시아군의 경우처럼 대량으로 일상적으로 나타나지 않았으며, 그런 사례에 대해서는 군법으로 구금하거나 사형하는 방식으로 엄격하게 다스렸던 것으로 알려져 있다.[46]

여기에다 동부전선에 500개가량의 위안소를 설치했던 점도 독일군의 전시 강간 사례를 경감시킨 요인으로 파악되고 있다.[47] 특히 1940년부터 점령기 프랑스에 설치된 독일군 위안소는 그 목적이나 통제 방식에서 동유럽을 비롯한 여타 지역의 군대 매춘 관리의 전형으로 이해될 수 있다.[48] 이 위안소들은 독일군의 민간인 접촉을 통제하면서, 병사들에게 성 유흥의 제공과 동시에 성병 관리를 위해서 설치되었다. "매춘을 군위안소로 제한하고자 하였던(die Prostitution auf die Wehrmachtbordelle zu beschränken)"[49] 그 통제정책의 일환으로 프랑스에서 독일군을 대상으로 하는 거리 매춘은 금지되었고, 거리의 매춘 여성들은 "감염원(Ansteckungsquelle)"[50]으로 지

44 *Ibid.*

45 Ingo von Münch, *Frau Komm !,* p.36.

46 *Ibid.*

47 *Ibid.*

48 Insa Meinen, "Wehrmacht und Prostitution – Zur Reglementierung der Geschlechterbeziehungen durch die deutsche Militärverwaltung im besetzten Frankreich 1940–1944," *Zeitschrift für Sozialgeschichte des 20. und 21. Jahrhunderts – Körpergeschichte Wehrmacht und Prostitution,* Heft 2/99, p.36.

49 *Ibid.*, p.48.

50 *Ibid.*, p.49.

목하고, 체포하여 당시 자조(Jargeau), 라 란데(La Lande)와 메리냑(Merignac)에 존재했던 시설에 격리했다.[51] 이들은 일정 기간의 관리된 후에 다시금 군위안소로 들어가 수감시설과 위안소를 순환하였다.

이는 당시 독일군이 위안소를 체계적으로 설치하고 관리했음을 알려주는 사례이다. 그러나 이를 통해서 독일군의 민간인 성접촉을 완전히 차단하기는 어려웠던 것으로 알려졌다. 또한, 독일군의 전시 강간에 대해서도 모순적인 보고가 존재한다. "독일 측의 전시 강간을 횟수나 규모에서 소련군의 그것과 비교할 수 없는 소수"라고 보는 입장[52]과 전시 강간의 형태는 아니었지만, 현지여성들과 상당수 성적인 접촉이 강제이든 친교의 형태이든 존재했다는 입장[53]이 그것이다. 직접적인 전시 강간의 빈도가 낮다고 하더라도 그런 사례들이 없는 것은 아니며, 나치의 다국적 연합군과 그에 동조하는 해당 민족의 기관들에 의해서도 그런 일은 다수 벌어졌다.

잉고 뮌히의 연구를 비롯한 일부 독일 측의 보고들은 이러한 점을 간과하는 면이 있다. 물론 동유럽에 주둔한 독일군, 경찰, 행정당국의 관리들이 현지여성과의 사이에 낳은 전시 혼혈아가 매년 '150만'이라는 것은 상당히 과장된 것으로 평가되고 있다.[54] 바바라 요르(Babara Johr)가 제시한 1942년 나치의 내부보고서에 따르면 거의 600만 이상의 독일군이 동유럽에 주둔했고, 매년 75만 명의 독일-러시아계 아이들이 출생한 것으로 추산하여 보고되고 있다.[55] 그러나 이는 독일군부 비전문가들의 소박한 통

51 *Ibid.*, p.53.

52 Ingo von Münch, *Frau Komm !,* pp.32-35.

53 Babara Johr, "Die Ereignisse in Zahlen," Helke Sander, Barbara Johr (Hrsg.), *Befreier und Befreite – Krieg, Vergewaltigung, Kinder* (Berlin, 1992), p.65.

54 Regina Mühlhäuser, "Between Extermination and Germanization: Children of German Men in the 'Occupied Eastern Territories', 1942-1945," *Children of World War II* (UK: Berg, 2005), p.167.

55 Babara Johr, "Die Ereignisse in Zahlen," p.69.

계에 따른 것으로 실제로 등록된 수는 극히 적었던 것으로 확인된다.[56]

다른 한편 전쟁 말기 동유럽 전선과 독일 내부에서 "아미(Ami)"라고 불리던 미군, "이반(Iwan)"[57]이라고 불리던 소련군, 그리고 프랑스 등 다국적 연합군들에 의해 같은 행위가 반복된다. "머리 위의 미국놈보다 배 위의 러시아놈이 낫다(Lieber ein Russki auf'm Bauch als ein Ami auf'm Kopf)"[58]는 농담이 유행했던 것도 우연이 아니다. 그 가운데 독일 남부지역으로 진입한 알제리계 프랑스군과 몽골계를 포함한 다인종 군대였던 소련군에 대한 독일 여성들의 두려움은 특히 컸던 것으로 보인다. "몽고인 별동대가 베를린에 쏟아져 들어올 것(dass ein Mongolensturm sich über Berlin ergießen werde)"[59]이라는 독일 라디오 방송의 진위를 의심하면서도, 모두 두려워하는 정황이 『베를린의 한 여인』에 기록되고 있다. 전시 성폭행의 일반적 공포에 전쟁 전 유럽에 폭넓게 자리하고 있던 유색인종에 대한 두려움이 가세하고 있었다. 전쟁이 끝날 무렵 나치는 이를 적에 대한 국민적 저항을 독려하는 데에 활용했다.

전시 강간은 그런 점에서 지극히 공동체적이며, 사회적인 성격을 띤다. "독일인을 죽여라. 이것이 네 어머니의 기도다"[60]라는 당시 소련의 군대신문(Red Star Army Newspaper)의 기사도 이를 극적으로 드러낸다. 여기서도 어머니가 공동체들 사이의 적대적 경계 위에 신화화된 자리를 차지하고 있다. 어머니는 공동체의 영속성을 보장하는 존재이며, 해당 공동체의 군대를 재생산한다. 그런 점에서 적의 가장 강한 부분이자, 치명적인 이데올

56 Regina Mühlhäuser, "Between Extermination and Germanization," p.167.

57 Anonyma, *Eine Frau in Berlin,* p.33.

58 *Ibid.*, pp.28, 242.

59 *Ibid.*, p.251.

60 Nail Ferguson, *The War of the World,* p.544.

로기적 장소이기도 한 것이다. 전시 강간은 바로 이 지점을 훼손한다는 점에서 가부장적 구조를 가진 공동체들에서 특히 심각한 문제가 된다.

앞서 거론했듯이 소련군의 전시 강간을 통해서 많은 수의 독일-러시아계 아이들의 임신사례들이 나타났다. 이들은 소위 "점령지의 아이들(Besatzungskinder)"이라고 불렸으며, 일반인들 사이에서는 "러시아 후레자식(Russenbälger)"[61]이라는 속칭으로 불리기도 했다. 스탈린은 1936년 낙태를 금지했고, 이를 점령지로 확대 적용했다. 그리고 1953년까지 주둔지 여성과 소련 군인 사이의 결혼도 금하고 있었다.[62] 전시 강간 피해여성들에 대한 이중배제를 세대를 넘어 전유하고 있는 이 '원하지 않았던' 아이들의 운명은 국민국가 중심의 정의가 노정하는 임계점을 뚜렷이 드러낸다. 인종 순혈주의를 주창하던 나치의 인종주의는 전쟁을 통해서 역설적으로 유럽에서 트랜스내셔널한 인종구성을 촉진했다.[63] 그러나 당시 독일뿐만 아니라 소련에서도 견지되던 가부장적 윤리의식으로 인해 그 어머니와 아이들이 설 자리는 없었다.

## 3. 정의론의 임계점들

### 1) 현실 법정의 처벌 불가능성과 국제법의 임계점들

90년대 벽두에 시작된 발칸전쟁에서 세르비아군은 보스니아에서 적의 여성들의 임신을 의도하고 조기에 낙태하지 못하도록 6개월 이상 구금한

61 Ingeborg Jacobs, *Freiwild,* p.11.

62 *Ibid.*, p.178.

63 Helke Sander에 따르면 이는 일종의 "역사의 아이러니(Ironie der Geschichte)" [Helke Sander/ Babara Johr (Hg.), *Befreier und Befreite,* S.14]이다.

것으로 드러나기도 했다.[64] 이는 모태를 훼손하거나 오염시키는 방식으로 타인종과 공동체에 대한 의도된 공격을 수행한 것이다. 원하지 않는 적의 아이를 억지로 잉태해야 했던 여성들은 이중배제를 겪으며 자살하거나 정신적 질환에 시달렸던 것으로 보고된다. 그것은 이중배제를 자기 안에 내면화하면서, 동시에 원하지 않았던 아이에게도 전수해야 하는 상황이 강박한 결과다.

법률적인 차원에서 이러한 전시 강간을 포함한 전쟁범죄를 단죄하는 것은 미봉책에 그치는 경우가 대부분이다. 그럴 것이 조프스키가 지적하듯이 그것은 궁극적으로 '피해자를 낫게 하기보다는 법의 효력을 정립하는'[65] 데 그치기 때문이다. 더욱이 과거 제2차 세계대전 당시의 국제법은 전시 성폭행 문제에 거의 맹목적이었다고 말할 수 있다. 제2차 세계대전 직후 전시 법정 가운데 하나인 뉘른베르크 전쟁법정에서는 독일군의 전시 강간은 보고되었으나, 소련군과 기타 서방 연합군의 전시 강간 문제는 거론되지 않는다. 일본의 전쟁범죄를 다룬 도쿄법정에서는 난징학살과 관련하여 일부 책임을 묻는 사례가 있었지만, 전시 강간은 여타의 전쟁범죄들 속에 묻혀서 따로 특정되지 않았다.

전시 성폭행에 대해 본격적인 기소가 시작된 90년대 이후에도 구 유고의 보스니아에서 2만~5만으로 추산되는[66] 피해사례 중 27건만 국제법정에 기소되었고, 르완다에서 약 50만 건의 전시 강간이 발생했는데도 기소된 사례는 8건에 불과했다.[67] 그런데도 "소송하지 않는 곳에서는 판관도

64 Mary Valentich, "Rape Revisited: Sexual Violence Against Women in the Former Yugoslavia," *The canadian Journal of Human Sexuality,* vol.3 (1), Spring 1994, p.56.

65 Wolfgang Sofsky, *Zeiten des Schreckens* (Frankfurt am Main, 2002), S.194.

66 Mary Valentich, "Rape Revisited," p.53.

67 A. Saha, "Rape as a War Crime," p.507.

없다"[68]는 지적처럼 전시 성폭행 문제를 현실 법정에 소환하는 것은 사안의 공론화와 재발방지를 위해서 필수불가결한 작업일 것이다.

제2차 세계대전 당시의 국제법은 전시 강간을 비롯한 성범죄를 특정하고 있지 않았으므로 제네바 협정에서 명시적 범죄로 규정되어 온 "민간인에 대한 비인간적 대우"와 같은 항목을 그에 포괄적으로 적용하는 방편 이외에는 달리 처벌 방법이 없었다. 이는 전후 전시 법정들이 성폭행 문제를 간과하는 주요 요인이 된다.[69] 1949년에 비로소 제네바 협약에 전시 강간, 강제매춘 등이 전시(戰時)에 금지 항목으로 추가된다. 4차 제네바 협약 27조 "부녀자들은 그들의 명예에 대한 침해 특히 강간, 강제매음 또는 기타 모든 외설행위로부터 특별히 보호되어야 한다"는 조항이 그것인데, 추가의정서 I의 76조, 추가의정서 II의 4조 2항에도 같은 내용이 적시되고 있다. 그러나 뒤늦게 추가된 이러한 항목들에서도 전시 강간과 강제매춘 등을 구체화해서 정의하고 있지 않아서 범죄요건을 구성하기가 쉽지 않을 뿐만 아니라 다양한 형태의 사례들을 포괄할 수 있는 지표를 제시하지 못하는 한계를 노정하고 있다.

이는 전시 법정과 국제법이 여성과 젠더 문제에 상당히 맹목적이었다는 사실을 드러내는 대목이 아닐 수 없다. 제2차 세계대전 이후 지속해서 남아 있던 이러한 국제법의 임계점들은 특히 90년대 유고내전을 거치면서 재론되기 시작했고, 1993년 성범죄를 기소한 유고전쟁법정(ICTY-

68 『베를린의 한 여인 Eine Frau in Berlin』에 대한 폴크마 바이스(Volkmar Weiss)의 아마존 독자서평 (amazon.de).

69 당시 인도네시아에서 유일하게 전시 성노예 범죄를 기소한 것으로 알려진 네덜란드 군사법정(The Dutch military tribunal in Indonesia)도 네덜란드 여성을 제외한 인도네시아 여성의 사례는 기소하지 않았다. [See Yayori Matsui, "Women's International War Crimes Tribunal on Japan's Military Sexual Slavery: Memory, Identity, and Society," *East Asia. An International quarterly.* 19 (2001), p.131.]

International War Crime Tribunal for the former Yugoslavia)을 계기로 일부 극복되는 듯이 보였다. 보스니아 – 헤르체고비나에서 2천–5만 명에 달하는 여성 피해자 문제와 더불어 전시 성범죄가 국제법정에서 최초로 다루어진다.[70] 그리고 '전시 강간 (wartime rape)'에 대한 정의도 시도된다.

하지만 캠펠(Campell)이 지적하듯 성기의 강제적 '삽입 여부', 피해자의 '동의여부'를 중시하는 전시 강간에 대한 이 정의(定義) 역시 상당히 전통적인 젠더와 육체의 규범에 머물러 소위 "강제 탈의에서부터 강제 성교"에 이르는 다양한 성폭력 양상을 포괄하지 못할 뿐만 아니라, 불가피한 상황에 따른 동의의 문제를 맥락적으로 고려하지 못하는 한계를 노정하고 있다.[71] 그러나 유고전쟁법정(ICTY)과 르완다전쟁법정(ICTR)이 전시 강간을 포함한 전시 성폭력을 법정에 소환한 본격적인 사례라는 점에서 진일보한 측면을 평가해야 할 것이며, 향후에 필요한 법규정적이고 실천적인 측면의 정비가 요망되고 있다. 이 두 전쟁 법정을 계기로 아시아에서도 전시 강간, 성노예화 등에 대해 처벌하지 않았던 전후 도쿄법정의 "결함"에 대한 문제 제기가 활발히 제기되었다.

마추이에 따르면 "그것(전후 도쿄법정: 필자)은 천황에게 면죄부를 주었고, 식민주의의 파괴적인 귀결을 간과했으며, 군대 성노예와 같은 성폭력 이슈들을 무시했다."[72] 이러한 문제의식에서 "일본의 군대 성노예에 대한 여성 전쟁법정(Women's International War Crimes Tribunal on Japan's Military Sexual

70 Stiglmayer (Ed.), *The War against Women in Bosnia-Herzegovina,* p.185; Matsui, "Women's International War Crimes Tribunal on Japan's Military Sexual Slavery: Memory, Identy, and Society," *East Asia. An International quarterly.* 19 (2001), p.132.

71 Kirsten Campel, "The Gender of Transitional Justice: Law, Sexual Violence and the ICTY," *The International Journal of Transitional Justice,* vol.1 (2007), p.418.

72 Yayori Matsui, "Women's International War Crimes Tribunal on Japan's Military Sexual Slavery: Memory, Identity, and Society," p.127.

Slavery)"을 2000년 도쿄에서 민간 주도로 개최하기도 하였다.[73] 전후 처리의 미흡함에서 비롯된 이러한 문제는 당사국들에도 있지만, 앞서 지적한 바 제2차 세계대전 이후 성범죄와 젠더문제에 맹목적이었던 국제법의 명확한 한계를 개선하지 못한 과오도 크다고 할 수 있다.

더불어 간과할 수 없는 것은 90년대 이후 여성의 인권적 측면에서 진일보한 운동들 속에서도 패전국 혹은 전범국으로서 제2차 세계대전 발발의 책임이 있는 국가의 민간인들에 대한 전시 강간과 성노예화는 전혀 거론되지 않는다는 사실이다. 이는 정의의 또 다른 임계점이 아니라고 할 수가 없다. 마추이는 일본군 위안부 문제와 관련하여 "미국과 다른 연합군이 위안부 시스템을 진지한 전쟁범죄로 고려하지 않았다"[74]고 지적하고 있다. 그 이유로 그는 아시아 여성에 대한 성범죄에 무관심한 "인종주의(racism)"와 군인에 대한 봉사를 당연시하는 "군사주의(militarism)" 그리고 추가로 국제법 자체의 한계를 들고 있다.[75]

이 지적들은 적절하지만 충분해 보이지는 않는다. 요컨대 그것은 전범국의 성범죄만을 문제시하는 데에 국한되어 있어서, 전후 연합국 측이 일본군 위안부 시스템에 대해 견지했던 태도의 배후에 있는 더욱더 본질적인 근거를 드러내지 못한다. 사실상 전후 연합국 측이 전시 성범죄에 관대했던 것은 무엇보다도 그 문제에 관한 전쟁당사자 양측이 모두 책임에서 자유롭지 못했기 때문이다. 말하자면 그것은 이들도 전범국들과 유사한 형태의 위안부 시스템을 유지하고 있었기 때문이라고 할 수 있다.[76]

73 *Ibid.*

74 *Ibid.*, p.131.

75 *Ibid.*, pp.131-132.

76 전후 일본에서의 미군 위안부 관리 문제에 관해서는 다음 논문을 참조. Robert Kramm, "Reine Körper. Praktiken der Regulierung von Prostitution, Geschlechtskrankheiten und Intimität während der frühen US- Okkupation Japans," *Geschichte und Gesellschaft* 40 (2014),

독일에서 오랜 침묵 끝에 과거 소련군의 전시 강간 문제들에 대한 일련의 증언들이 90년대 이후 쏟아져 나오는 것도 이러한 문제적 쟁점들을 드러낸다. 그 가운데 동유럽과 베를린에서 이루어진 소련군의 전시 강간은 특별한 위치를 갖는다. 왜냐하면, 그것은 여타 연합국 군인들의 강간 사례들보다 압도적 다수를 이루고 있으며, 동시에 "파시즘에 대한 투쟁"이라는 당위 속에 가려져 왔기 때문이다. 이는 전시 강간을 범죄로 특정하지 않은 법의 맹목을 넘어서서, 법의 한계 즉, 승패를 넘어선 "중립적 법정"[77]이 존재해야만 법이 제대로 기능할 수 있는 상황을 여실히 드러낸다.

소위 독일의 "희생자 담론"들에 대해 갭하르트는 사회심리학자 하랄드 벨저(Harald Welzer)와 더불어 홀로코스트를 비롯한 독일의 범죄를 "우아하게 무화할(elegant nivelliert)"[78] 우려를 제기한다. 물론 독일인 희생자 담론이 독일의 전쟁범죄를 상대화할 우려가 없는 것은 아니다. 또 그는 독일 전시 강간 피해여성들이 인종주의에 따라 낙태를 감행했다는 미국의 역사학자 그로스만(Grossmann)의 주장을 부분적으로 교정하면서도,[79] "아이들과 여자들도 단순히 희생자만은 아니었으며, 그들 다수는 국가사회주의 이데올로기를 정당화하고 적극적으로 참여했다"[80]고 주장한다. 이러한 주장은 그동안 제2차 세계대전 당시 독일 민간인 희생에 대한 문제 제기를 봉쇄하는 담론으로 일부 독일 측 논자들에 의해서도 제시되었다.[81] 하지만 이

pp.493-522.

77 Wolfgang Sofsky, *Zeiten des Schreckens,* p.196.

78 Harald Welzer in Hartmut Radebold/ Werner Bohleber/ Jürgen Zinnecker (Hg.), "Transgenerationale Weitergabe Kriegsbelaster Kindheiten," quoted in Miriam Gebhardt, *Als die Soldaten kamen,* p.293.

79 Miriam Gebhardt, *Als die Soldaten kamen,* p.294.

80 *Ibid.*, pp.294-295.

81 See Regina Mühlhäuser, "Vergewaltigungen im deutschen Opferdiskurs - Konkurrierende Erzählungen zu sexueller Gewalt im zweiten Weltkrieg, in DDR, Bundesrepublik und nach

는 전범국 민간인에 대한 범죄를 용인하고, 총제적인 절멸전을 긍정하는 위험을 내포하고 있다. 과연 전범국 민간인의 대규모 집단강간과 학살은 그 지배시스템의 전쟁발발 책임으로 모두 귀결시켜도 무방한 것일까.

반파시즘 투쟁이라는 당위의 틀 속에 전쟁의 맹목성을 긍정하는 것은 파시즘 체계의 그늘 속에 일반 대중들을 완전히 포섭된 것으로 이해하고, 그 바깥의 존재 여부를 묻지 않는 거시적 체계 위주의 사유가 가진 맹목을 드러낸다. 과거의 정의 담론들은 이러한 맹목 속에 있었다. 그리고 그것은 힘의 논리에 구속되어 있었다. 전쟁의 승자와 패자, 적과 아군의 구분을 넘어서는 정의의 지평을 세우기 위해서는 홉스적 의미에서는 그러한 범주를 넘는 더욱 높고 강한 공통권력이 필요할 것이다. 그에 따르면 그러한 권력이 있고서야 정의가 존재하는 것이다. 구 유고 지역의 전쟁과 아프리카 내전에서의 범죄를 국제법정에 소환했던 일도 나토를 위시한 서방국가들에 크게 힘입었다고 할 수 있다. 전시 성폭력의 국제법적 처벌 가능성과 불가능성은 그런 점에서 오늘날까지도 철저히 승패와 힘의 논리에 좌우되어왔다. 그렇다면 그에 대한 역사적 논의들에서는 다소 상황이 다를까.

### 2) 전시 성폭행 담론들의 역사적 임계점들

냉전이 시작된 동독에서는 오랫동안 독일인의 전시 강간 피해를 말하는 것은 금기였다. 이를 거론한 경우도 없지는 않다. 동독에서 출시된 게하르트 볼프(Gerhard Wolf)의 영화 《나는 열아홉 살이었다(Ich war neunzehn)》(DDR, 1968)는 소련군 지휘소를 찾아와서 "모두보다는 한 사람과(Liber mit einem als jedem)"라고 하소연하며, 숙박을 요청하는 여성을 등장시킨다. 하

1989," *Phases 2,* Juni (2008), pp.46–49; Elizabeth Heineman, "Gender, Sexuality, and Coming to Terms with the Nazi Past," *Central European History,* vol. 38, no.1 (2005), pp.41–74.

지만 이 영화는 적극적으로 독일 여성들의 피해를 다루지는 못한다. 오히려 19세 독일계 소련군 장교를 통해서 붉은 군대의 반파시즘 투쟁과 인도주의를 강조하고 있다.

서독에서도 이 주제는 불편한 것이었다. 그것은 곧바로 자국민의 수치와 모욕으로 인식되었기 때문이다. 소련군의 전시 강간을 주제로 다룬 『베를린의 한 여인』의 초판이 1954년 미국에서 영어로 먼저 출간된 정황은 이를 반증한다. 그나마 그 수기가 당시 미국에서 출간된 것도 『집단 강간(mass rape)』이라는 실화소설이 50년대 출간된 것과 마찬가지로 냉전의 산물이었을 혐의가 없지도 않다. 1959년 독일어로 출간된 이 책은 일부 긍정적인 반응을 제외하고는 '베를린 여인들에 대한 음해'라고까지 비난받으며 절판된다. 그 후 소련군 전시 강간 문제는 수면 아래에서 50여 년간 잠복한다.

구소련의 붕괴와 동구권으로의 길이 열리고, 독일 내 피해자들도 이미 상당히 노령화된 이후에야 비로소 이 주제는 2차 세계대전 말 동유럽 출신 독일인들의 피해에 대한 담론화와 더불어 다시금 수면 위로 부상하기 시작했다. 앞서 본 바와 같이 여러 보고와 기록들 그리고 연구서가 나오기 시작했다. 하지만 잔더에 따르면 이 주제로 연구기금을 확보하거나 방송 제작을 위한 공적 지원을 받기가 상당히 어려웠다. 그는 남자들이 지배하는 사회의 가부장적 구조는 이러한 주제를 역시 터부시한다고 지적하고 있다.[82] 그러한 와중에 『베를린의 한 여인』이 2003년 재출간되어 슈피겔의 8주 연속 베스트셀러가 된다.[83] 그리고 영화로 제작되기도 하였다. 비록 스토리가 러시아 장교와의 연애를 중심에 놓는 멜로드라마로 변형 출시

82 Helke Sander, "Erinnern und Vergessen," p.12.

83 이 과정에서 좌파적 성향의 「남독신문(Süddeutsche Zeitung)」에서 이 기록의 진위논란이 제기되기도 하였는데, 익명을 원했던 필자를 강제적으로 공개하는 결과에 이르게 된다.

되어 문제적이지만, 헬케 잔더의 다큐멘터리 《해방자와 해방된 자》(1994)와 함께 사실상 국제적으로 이 이슈를 공론화하는 데에 일조하고 있다.

그동안 이 주제가 이슈가 되기 어려웠던 것은 언론의 관심과 소통적 언술들을 통해서 오히려 "상처를 더 깊게 하는"[84] 문제가 있었다. 그뿐만 아니라 전쟁은 물론 평화의 실천에도 젠더 특수적인 문제를 다루지 않는 편향이 없지 않았다. 제2차 세계대전 때 군대는 남성이 되는 제의이자 통과의례의 일부였고, 전쟁도 평화도 기본적으로 남자들의 일이었다. 제2차 세계대전을 소련군은 "위대한 조국의 전쟁"[85]이라고 불렀고, 나치 독일군도 역시 마찬가지였다. 말하자면 세계대전은 가부장적 국가 간의 전쟁이었고, 그 해결도 이들의 손에 달려 있어, 전시 강간을 전쟁범죄로 특정하는 데에 한계가 되어 왔다. 더욱이 이를 문제시하는 경우에도 전범국의 범죄에 국한된 접근은 '정당한 전쟁'의 논리에 갇혀 전범국과 연합국이 공유하는 전시 성폭행 문제의 본질과 근원에 도달하는 데에 장애가 되어 왔다.

수잔 브라운뮐러(Susan Braunmüller)는 이러한 제한을 넘어 가부장제와 전시 성폭행 문제의 상관성을 이미 70년대에 지적하면서 선구적인 역할을 수행하였다. 또한, 이러한 문제를 지적하고 해결하는 데에 페미니즘의 역할이 컸다. 그러나 아시아 페미니즘이 이 문제에 관해 일본인 여성들의 피해에 대해 문제를 제기하지 않는 것과 마찬가지로 독일에서 좌파 신페미니즘은 전시보다는 일상의 성폭행 문제만을 거론하며 소련군의 전시 강간 문제는 간과했다. 설사 이러한 문제를 제기하는 경우에도 전시 성폭행을 여성에 대한 남성의 폭력이라는 측면에서만 보는 과거 페미니즘의 한계를 반복하고 있기도 하다. 이는 제한적 시각일 뿐만 아니라 전통적인

84 Rhonda Copelon, "Surfacing Gender: Reconceptualizing Crimes against Women in Time of War," A. Stiglmeyer (Ed.), *The War against Women in Bosnia-Herzegovina*, p.209.

85 Ingeborg Jacobs, *Freiwild*, p.60.

젠더규범 속에 묶여 있는 것이다. 실제 유고와 르완다에 보고된 바에 따르면 전시 강간의 직접적 피해자는 여성만이 아니며, 남성도 상당수를 이루고 있다.[86] 뿐만 아니라 여성이 직접적 피해자인 경우에도 그 피해는 해당 여성에 국한되지 않는다.

이와 관련하여 카우프만의 다음 지적은 진지하게 고려될 필요가 있다. 요컨대 "남성들의 여성들에 대한 폭력은 고립적으로 일어나는 것이 아니라 남성의 다른 남성에 대한 폭력 그리고 그 자신에 대한 폭력의 내면화와 연계되어 있다. 남성중심적 사회는 여성에 대한 남성의 위계에 토대를 두고 있는 것만이 아니라 다른 남성에 대한 남성의 위계에도 근거하고 있다."[87] 그 폭력의 근원은 여성에 대한 "남성 폭력의 삼원성(Triad of Men's Violence)"[88] 즉 남남, 남녀, 자신에 대한 관계라는, 서로 상승작용을 일으키는 세 측면이 동시에서 고려해야 한다는 것이다. 이는 여성에 대한 폭력 일반에 대한 논의에서 나온 것이지만, 전시 강간의 근저에 놓인 젠더 교착적 실상을 이해하는 데에도 유익하다. 그 동기가 성욕만은 아니며, 그 피해가 여성들에게만 국한되지 않았다는 사실은 이를 잘 실증한다. 심지어 전시 강간이 만드는 상흔은 제3의 목격자에게까지 일종의 트라우마로 전가된다.

전시 성폭행이 개인의 문제가 아니라 공동체의 문제로 확장되는 것은 우연이 아니다. 그것을 통해서 전략적으로 공동체와 인종에 대한 제노사이드가 시도되는 것도 여기에 기인한다. 그만큼 그것은 민족주의와 인종

86 See Kirsten Campel, "The Gender of Transitional Justice: Law, Sexual Violence and the ICTY," *The International Journal of Transitional Justice,* Vol.1, 2007, pp.422-424.

87 Michael Kaufman, "The seven P's of Men's violence," http://michaelkaufman.com/articles-2 (최종검색일: 2016.6.20).

88 Michael Kaufman, *The Construction of Masculinity and the Triad of Men's Violence,* p.3.

주의 등에 의해 오용될 가능성이 크다. 전시 성폭행이 실제로 2차 대전과 발칸전쟁에서 공히 적에 대한 투쟁을 독려하는 선전전에 활용되었던 사실은 이를 반증한다. 요컨대 그것은 국가와 인종 간 적대적 경계를 강화할 위험을 내장하고 있다. 그리고 그 피해가 다시금 민족 국가 간의 경계 위에서 가부장적 구조를 강화하면서 서로 닮은 적과의 적대적 골을 더욱 깊게 하는 방식으로 작동하는 것이다. 제2차 세계대전 당시 동유럽에서 독일군과 소련군의 비행들이 일부 닮은꼴을 이루고 있는 것은 우연이 아닐 것이다.

그렇다면 이 폭력의 폐쇄적인 거울의 구조에서 빠져나오는 길은 무엇일까. 근래 국가붕괴 및 국가재건과 관련한 갈등들에서 전시 성폭행이 집단적인 인종청소를 감행하는 체계적인 수단으로 더욱 잔혹해지고 있는 상황에서 이 문제에 대한 숙고는 더욱 중요해지고 있다. 오늘날의 전시 강간이 비민주적 국가들의 불안정한 국가상태에 기인한 현상이며. 강한 윤리적 국가의 부활과 더불어 해결될 것이라는 기대는 그러한 강한 국가들의 전쟁이었던 제2차 세계대전이 보여 주듯 미망에 그칠 것이다. 또한, 일부 사법적 절차에서 채택되기도 하는 피해자와 가해자의 소통을 시도하는 "복구적 정의(restorative Justice)"[89]의 시도도 대규모 피해자를 낳은 이러한 사안에서는 현실화되기 어렵다. 국민국가의 가부장적 틀 속에 머물러 있는 정의를 넘어서서 트랜스내셔널한 탈가부장적 정의의 필요성은 바로 이러한 문제들로부터 도출할 수 있다.

89 See James Ptacek (Ed.), *Restorative Justice and Violence against Women* (Oxford University Press, 2010).

## 4. 거울 속의 적과 초국적 정의

전시에 베를린에 거주했던 잉그리트 홀츠휘터(Ingrid Holzhütter)는 9살에 소련군이 집으로 들이닥쳐 어머니를 강간하는 장면을 목격했고, 본인도 위험에 처했다가 가까스로 모면했다. 이후 그녀는 성년이 되어 평화운동에 참여했고, 1990년대 중반 체첸 전쟁이 벌어질 당시 러시아에서 마련된 러시아 - 체첸 어머니들의 모임에서 강연기회가 있어 연단에 올랐다. 거기서 그녀는 "퇴역한 소련 노병들이 청중석에 앉아 있는 것을 보는 순간, 그대로 뒤돌아 뛰어 달아날 생각을 했다"[90]고 쓰고 있다.

50년 전 전시 성폭행의 트라우마가 얼마나 오랫동안 지속하는지 여실히 보여주는 사례이다. 오스트리아에 주둔했던 연합군에 의한 강간 후유증에 대한 한 사례 조사[91]도 전시 강간 트라우마가 "수십 년간" 일종의 병증적 장애로 지속된다는 사실을 증명하고 있다. 그것은 피해자와 목격자에게 공히 해당되는데, 피해자의 공포와 우울증 증세가 더 심하게 나타나고, 목격자들은 공격성과 우발충동의 병증에 시달리는 것으로 드러난다.

이러한 피해자와 목격자가 내상으로 공유하는 전시 성폭행은 공동체 전체에 확산되는 집단적 트라우마를 형성한다. 따라서 이는 개인을 넘어선 공동체의 문제이며, 과거 국민국가 중심의 공동체의 틀 속에서는 공동체 간의 적대적 경계를 강화하는 요인이 되기도 한다. 요컨대 가부장적 국민국가의 틀에 대한 반성이 없이는 그에 대한 근원적 해법을 기대하기 어렵다는

90 "da sah ich die ganzen dekorierten Veteranen im Publikum sitzen. In dem Moment habe ich gedacht: Jetzt dreh ich mich um und renne weg" (Ingeborg Jacobs, *Freiwild*, p.201).

91 Brigitte Lueger_Schuster *et al.*, "Sexual violence by occupational forces during and after world war II: influence of experiencing and witnessing of sexual violence on current mental health in a sample of elderly Austrians," *International Psychogeriatrics* (2012), 24:8, p.1357.

것이다. 이러한 정의의 임계들과 앞서 거론한 법적 정치적 해법의 한계들이 과거와 오늘날 전시 성폭행 문제를 통해서 여실히 드러나고 있다.

한스 트라이헬(Hans Ulrich Treichel)의 실화에 기반한 소설 『실종자』[92]에서 보듯이 그 트라우마는 세대를 넘어서 전유된다. 전시 강간 피해자 어머니의 전후 세대 아들이 겪는 "러시아인 형제"[93]에 대한 분열증적 질투와 정신이상적 파괴의 환상은 폭력이 또 다른 폭력을 배태할 것임을 예감하게 한다. 거울 속의 적 그리고 그 안의 트라우마와 폭력의 세대 간 전유에서 벗어나기 위해 인종과 국가 경계 그리고 그 가부장적 구조의 이중 배제를 넘어설 수 있는 초국적인 정의를 법적, 역사적 차원에서 재정립해 가는 일이 향후 주요한 과제가 될 것이다.

전쟁은 법정립적인 폭력으로서 오랜 비판에도 불구하고 특정한 상황에서 용인되어 왔다. 그러나 그 안에는 자연적 목적과 법적 목적이 서로 모순되는 상황이 존재하며, 전쟁권이 용인되는 상황에서도 전시 성폭행은 적과 동지의 구분을 넘어서서 법적으로 적법하지도, 윤리적으로 정당하지도 않다는 점은 자명하다. 그것이 제2차 세계대전 당시 암묵적으로 용인되어 온 이유가 그것이 복무하는 자연적 목적에 따른 것이라고 해도, 이는 파시즘 투쟁과 같은 명백히 합목적적인 폭력의 행사에서도 정당한 폭력의 일부로 인정될 수 없다. 오히려 그것은 전쟁이 갖는 법적 목적과 자연적 목적 사이의 괴리와 모순을 여실히 드러내고, 가부장적 군대와 국민국가들의 자의적 폭력 행사의 단면으로 나타난다. 이는 과거 국제법과 정

92 한스 트라이헬은 동유럽 피난길에서 겪은 어머니의 실화를 담은 소설 『실종자』를 출간하여 전시 강간 피해 당사자와 그 가족들이 겪는 정체성 문제를 본격적으로 거론하고 있다. 이 소설은 독일 김나지움 교재로 쓰이고 있을 뿐만 아니라 외국인을 위한 독일어 교육의 교재 텍스트로도 활용되고 있다.

93 실제로는 피난 때 잃어버린 어머니의 아이이지만, 종종 주인공은 그 아이를 러시아인으로 생각하는 환상에 빠진다.

의의 임계들과 함께 앞으로 정립되어야 할 트랜스내셔널한 정의를 위해서 사상적이고 사례적으로 검토되어야 할 "폭력비판"[94]의 한 주요한 지점이라는 사실을 여기서 지적해 둘 수 있다.

베를린의 중심가에 승리의 여신상에서 멀지 않은 곳에 소련군 참전 기념관이 자리하고 있다. 파시즘에 대한 투쟁에서 발생한 이들의 희생을 더 값있게 하기 위해서도 오늘날 새로이 부각되는 전시 성폭행 문제를 간과할 수 없을 것이다. 전쟁의 승패를 넘어서서 이러한 문제들은 과거 전쟁의 법적 도덕적 평가에서 승자와 패자 모두에게 동시에 무거운 과제를 남기고 있다. 이제 그것은 과거 여러 제한된 법과 정의의 임계지점들을 넘어갈 시금석이 되어야 할 것이다.

94 발터 벤야민은 "폭력비판의 과제"를 "폭력이 법과 정당성과 맺는 관계들의 서술"(Walter Benjamin, "Zur Kritik der Gewalt," p.179)이라고 정의하고 있다. 그는 전시 성폭력에 대해 거론하고 있지는 않지만 전쟁과 국가 간 폭력에 대해 이론적 측면에서 여러 참조지점을 제시하고 있다.

〈참고문헌〉

이창남, 「베를린의 한 여인, 그 침묵의 문맥」, 『교수신문』, 2013.2.19.

이창남, 「냉전기의 적과 동지, 그리고 벌거벗은 생명의 파톨로지 - 전후 동유럽의 독일인과 유럽공동체 문제를 중심으로」, 『뷔히너와 현대문학 42호』(2014), 179-203쪽.

Anonyma, *Eine Frau in Berlin,* 염정용 옮김, 『베를린의 한 여인』(해토, 2004).

Treichel, Hans-Ulrich, *Der Verlorene,* 강유일 옮김, 『실종자』(책세상, 2005).

Anonyma, *Eine Frau in Berlin - Tagebuch-Aufzeichnung vom 20. April bis 22. Juni 1945* (Frankfurt am Main, 2003).

Benjamin, Walter, "Zur Kritik der Gewalt," *Gesammelte Schriften II.1*, Rolf Tiedemann und Hermann Schweppenhäuser (Hg.), (Frankfurt am Main, 1980), pp.179-203.

Brownmiller, Susan, "Making Female Bodies the Battlefield," Alexandra Stiglmayer (Ed.), *Mass Rape - The War against Women in Bosnia-Herzegovina,* Translations by Marion Faber (Lincoln and London, 1994), pp.180-182.

Campel, Kirsten, "The Gender of Transitional Justice: Law, Sexual Violence and the ICTY," *The International Journal of Transitional Justice,* vol.1 (2007), pp.411-432.

Copelon, Rhonda, "Surfacing Gender: Reconceptualizing Crimes against Women in Time of War," Alexandra Stiglmeyer (Ed.), *The War against Women in Bosnia-Herzegovina,* Translations by Marion Faber (Lincoln and London, 1994), pp.197-218.

Ferguson, Niall, *The War of the World - Twentieth-Century Conflict and the Descent of the West* (New York, 2006).

Gebhardt, Miriam, *Als die Soldaten kamen - Die Vergewaltigung deutscher Frauen am Ende des Zweiten Weltkriegs* (München, 2015).

Gelfand, Wladimir, *Deutschland Tagebuch 1945,* 1946 (Berlin, 2005).

Goeschel, Christian, *Selbstmord im Dritten Reich,* Aus dem Englischen von Klaus Binder (Suhrkamp, 2011).

Höfer, Thomas, "Das Ende Jugoslawiens," *Die Schande Europas - Der Krieg auf dem Balkan, Flensburger Sonderfhefte 16 (Winter 1995),* pp.8-104.

Jacobs, Ingeborg, *Freiwild - Das Schicksal deutscher Frauen 1945* (Berlin, 2009).

Johr, Babara, Die Ereignisse in Zahlen, Helke Sander, Barbara Johr (Hrsg.), *Befreier und Befreite – Krieg, Vergewaltigung, Kinder* (Berlin, 1992).

Kaufman, Michael, "The seven P's of Men's violence," http://michaelkaufman.com/articles-2(최종검색일: 2016. 6.20).

________________, "The Construction of Masculinity and the Triad of Men's Violence," *Michael Kaufmann (Ed.), Beyond Patriarchy – Essay by Men on Pleasure, Power, and Change,* (Oxford, 1987), pp.1-29.

Kramm, Robert, "Reine Körper. Praktiken der Regulierung von Prostitution, Geschlechtskrankheiten und Intimität während der frühen US-Okkupation Japans," *Geschichte und Gesellschaft* 40 (2014), pp.493-522.

Lueger_Schuster Brigitte, *et al.*, "Sexual violence by occupational forces during and after world war II: influence of experiencing and witnessing of sexual violence on current mental health in a sample of elderly Austrians," *International Psychogeriatrics* 24:8 (2012), pp.1354-1358.

Matsui, Yayori, "Women's International War Crimes Tribunal on Japan's Military Sexual Slavery: Memory, Identity, and Society," *East Asia. An International quarterly.* 19 (2001), pp.119-142.

Meinen, Insa, "Wehrmacht und Prostitution – Zur Reglementierung der Geschlechterbeziehungen durch die deutsche Militärverwaltung im besetzten Frankreich 1940-1944," *Zeitschrift für Sozialgeschichte des 20. und 21. Jahrhunderts – Körpergeschichte Wehrmacht und Prostitution,* Heft 2/99 (1999), pp.35-55.

Morrow, Lance, "Unspeakable," *Time* (2/22/1993).

Mühlhäuser, Regina, "Between Extermination and Germanization: Children of German Men in the 'Occupied Eastern Territories', 1942-1945," Kjersti Ericsson and Eva Simonsen (Ed.). *Children of World War II: the hidden enemy legacy* (Oxford, 2005), pp.167-189.

________________, "Vergewaltigungen im deutschen Opferdiskurs – Konkurrierende Erzählungen zu sexueller Gewalt im zweiten Weltkrieg, in DDR, Bundesrepublik und nach 1989," *Phases 2,* Juni (2008), pp.46-49.

Münch, Ingo von, *Frau, Komm ! Die Massenvergewaltigungen deutscher Frauen und Mädchen 1944-45,* (Graz, 2013).

Pötzel, Norbert F., "Hitlers letzte Opfer," Annette Großbongardt, Uwe Klußmann und Norbert

F. Pötzel (Hg.), *Die Deutschen im Osten Europas – Eroberer, Siedler, Vertriebene,* (München 2011), pp.235–247.

Ptacek, James (Ed.), *Restorative Justice and Violence against Women* (Oxford, 2010).

Saha, Arpita, "Rape as a war Crime: The position of International Law since World War II," *Jeail2* (2009). pp.497–516.

Sander, Helke, "Erinnern und Vergessen," Helke Sander/ Babara Johr (Hg.), *Befreier und Befreite - Krieg, Vergewaltigung, Kinder* (Berlin, 1992), pp.9–20.

____________, Prolog, in: Alexandra Stiglmayer (Ed.), *Mass Rape - The War against Women in Bosnia-Herzegovina,* Translations by Marion Faber (Lincoln and London, 1994), pp.xvii–xxiii.

Schmidt–Harzbach, Ingrid, "Eine Woche im April Berlin 1945," Helke Sander, Barbara Johr (Hrsg.), *Befreier und Befreite – Krieg, Vergewaltigung, Kinder* (Berlin, 1992), pp.21–45.

Stiglmayer, Alexandra (Ed.), Mass Rape – *The War against Women in Bosnia–Herzegovina,* Translations by Marion Faber (Lincoln and London, 1994).

Sofsky, Wolfgang, *Zeiten des Schreckens* (Frankfurt am Main, 2002).

Treichel, Hans–Ulrich, *Der Verlorene* (Frankfurt am Main, 2005).

Valentich, Mary, "Rape Revisited: Sexual Violence Against Women in the Former Yugoslavia," *The canadian Journal of Human Sexuality,* vol.3(1) (1994), pp.53–64.

2장

# 오키나와, 확장되는 폭력의 기억[1]

-메도루마 슌(目取真俊)의 『무지개 새』와 『눈 깊숙한 곳의 숲』을 중심으로

심정명

2015년은 제2차 세계대전 종전 70주년이 되는 해였다. 일본에서 이는 '전후(戦後)' 70년이라는 말로 회자되었는데, 이 말은 '전쟁 이후'라는 시대 구분이 일본의 근현대사에서 갖는 중요한 의미를 잘 보여 준다. 예컨대 현 일본 총리인 아베 신조(安倍晋三)는 '전후 체제에서의 탈각'을 정책 목표로 내걸고 있고, 현재 논의되고 있는 헌법 개정 또한 '전후'라는 시대 구분과 관련된다. '전후 민주주의'라는 말로 대표되는 전후적인 것을 비판적으로 바라보는 관점까지 포함하여 이렇듯 일반적으로 쓰이는 전후라는 말에는 전쟁이 끝난 이후라는 관점이 내재해 있음은 물론이다. 그런데 제2차 세계대전의 전후 처리가 완결된 시점에서 일본에서 철수할 예정이었던 점령군 미군이 샌프란시스코강화조약과 미일안전보장조약을 통해 일본으로 복귀하는 1972년까지 오키나와를 계속해서 점령하였을 뿐 아니라 지금도 여전히 오키나와를 포함한 일본 영토에 주둔하고 있다는 사실은, 이 전쟁 '이후'라는 시대 구분이 가지고 있는 모호함을 보여 주기도 한다. 이

1 이 글은 2016년 『인문학연구』, 52집에 게재되었다.

와 관련해 오키나와 출신의 소설가로 오키나와의 역사와 현실에 바탕을 둔 소설을 주로 발표하고 있는 메도루마 슌(目取真俊)은 일본 혹은 이른바 본토와 전체 면적의 20%를 미군이 점유하고 있는 오키나와에서 전후라는 시대 구분이 갖는 의미는 다를 수밖에 없음을 지적하기도 하였다.[2]

오키나와에서 진정한 의미의 '전후'는 아직도 도래하지 않았음을 보여주는 예로서 많이 언급되는 사건 중 하나로 2004년에 오키나와 기노완(宜野湾)시의 오키나와국제대학에 미군 헬리콥터가 추락한 사고를 들 수 있다. 당시 인접한 후텐마(普天間) 기지에서 출동한 미군은 추락 현장인 오키나와국제대학 1호관과 그 주변을 일주일 동안 봉쇄하면서 오키나와 현 경찰을 수사에서 완전히 배제했다. 이 사건은 오키나와를 사고하는 많은 사람에게 무척 중대한 것으로 받아들여졌는데, 예를 들어 신조 이쿠오(新城郁夫)는 이 사건에 대해 "오키나와에 '전후'란 단 한 번도 없었고, 미군 점령은 계속되고 있다"는 "사실을 비유로서가 아니라 명확한 현실로서 이보다 더할 수 없는 위협적인 방법으로 보여 준 것이 이번 '사건'"[3]이라고 쓴다. 그에 따르면 사건 직후 방위청 관계자가 "사망자가 나오지 않은 것은 불행 중 다행이었다"라고 발언한 것은 오키나와 사람들이 여전한 전장에서 붕

2 目取真俊,『沖縄「戦後」ゼロ年』, 東京: NHK出版, 2005, 12~17면. 또한, 오키나와의 '전후'를 규정하기 위해 역사상의 사건으로서의 오키나와 전쟁이 언제, 어디서, 어떻게 끝났는지를 물은 뒤 "이 전쟁에는 뚜렷한 끝이 없었다"라고 대답하는 기타무라 쓰요시(北村毅)는 오키나와 전쟁이 일반적으로 우시지마(牛島満) 사령관이 자결한 1945년 6월 23일이라고 간주되고 있기는 하지만 사령관이 죽은 뒤에도 항전을 계속한 주민들이 있는 이상 애초에 오키나와 주민에게 전쟁의 끝은 각자가 포로가 된 시간과 장소라는 폭을 지니고 있을 수밖에 없음을 지적하기도 한다. 그리고 국가 간 전쟁 상태가 공식적으로 종료된 일본 본토와는 달리 미군이 접수한 토지를 여전히 되찾지 못하고 있을 뿐 아니라, 기지로 인한 사건 사고가 빈발하는 현실이 엄존하는 오키나와에서 메도루마가 표현하는 "오키나와에 전쟁이 끝난 뒤라는 의미에서의 '전후'가 정말로 있었는가?"라는 실감은 정당하다고 평가한다. 北村毅,『死者たちの戦後誌』, 東京: 御茶の水書房, 2014, 41-47쪽.

3 新城郁夫,『到来する沖縄: 沖縄表象批判論』, 東京: インパクト出版会, 2007, 182쪽.

뜬 채 '선취된 죽음'에서 살고 있음을 다시금 확인하게 한다.[4]

그런데 이러한 시간성의 문제는 '오키나와의' 것만은 아니지 않을까?[5] 가령 메도루마는 전후의 문제를 이야기하면서 전후 몇십 년이라는 식의 계산이 자연스럽게 이루어지는 시공간에 이의를 제기한다. 이는 아시아에서 전쟁은 결코 1945년에 끝나지 않았으며 전후의 이른바 '평화로운 일본'이 이러한 전쟁들에 후방으로서 지원했을 뿐 아니라 미국의 대(對)이라크 전쟁에 자위대를 파견하는 중이기도 했다는 사실과도 관계 있다. 혹은 1995년에 일어난, 미군 병사 세 명에 의한 소녀 폭행 사건은 어떤가? 신조는 오키나와의 문학이 반복적으로 강간을 다루어 온 것은 단지 우연이 아니라 그렇게 함으로써 오키나와가 지금도 거대한 전쟁 속에 놓여 있음을 환기하기 위해서라고 지적하면서, "기지 문제로 흔들리는 전후 오키나와 자체를 강간이라는 구조적인 성폭력 시스템과의 상관성 속에서 파악"할 필요가 있음을 이야기한다.[6] 이렇듯 이른바 성폭력이라는 문제가 오키나와의 현재적인 상황과 연관되어 있음이 널리 인식되게 된 계기 또한

4 이는 다음과 같은 물음과도 이어진다. "국가가 오키나와의 기지 문제를 근본적으로 재검토하기 위해서는 대체 몇 명의 사망자가 필요한가? 가르쳐 주기 바란다. 앞으로 얼마나 더 희생자와 피해가 나오면 국가, [오키나와: 인용자] 현 그리고 미국은 오키나와의 기지 문제를 재검토할 것인가? 몇십 명? 이 정도로는 부족한가?" 같은 글, 182면. 또한, "이때 '불행'이란 대체 어떠한 사태를 가리키며, 그리고 '다행'이란 누구에게 '다행'인가? 사망자가 나오지 않았다고 하지만, 과연 정말로 '사망자'는 없었는가?" 「資源化される沖縄の命」, 같은 책, 188-189쪽.

5 '오키나와 문제'라는 말로 대표되듯 어떠한 경험을 지리적으로 에워싸인 영역에 가두어 놓고 그러한 경계의 외부에 있는 사람들이 그 경험의 이른바 당사자들에게 이 '문제'를 떠맡긴 채 소유격으로 한정된 '오키나와의 사건, 오키나와의 역사, 오키나와의 아픔, 오키나와의 분노'로서 해설하는 것에 대한 비판으로 도미야마 이치로, 『유착의 사상』, 심정명 옮김(글항아리, 2015) 참조.

6 新城郁夫, 『沖縄文学という企て: 葛藤する言語・身体・記憶』, 東京: インパクト出版会, 2003.

1995년에 일어난 소녀 폭행 사건이었다.[7] 이는 “소녀의 희생이라는 비유를 통해서 기지 문제를 이야기하는 것이 아니라 그것 자체가 기지 문제”라는 인식[8]과도 이어진다. 여기에는 물론 오키나와 전쟁과 이를 전후한 시기에 벌어졌던 일들까지 겹쳐진다.[9]

대규모 항의운동으로 이어지기도 한 1995년의 사건 당시에 고등학교 교사였던 메도루마는 어느 여학생에게 근처의 한 여고생이 미군에게 성폭력을 당하고 낙태를 했음에도 그 사실을 숨기고 학교를 그만두었다는 이야기를 듣게 된다. “선생님들은 북부 소녀 일로 법석을 떨고 있지만, 가까운 학교에서 이런 일이 있었다는 건 모르시죠?”[10] 이 말은 ‘××사건’과 같은 명명으로 구획되지 않고 존재하는 일상적인 차원의 폭력을 상기시키는데, 그렇다면 이 같은 폭력과 그로 인한 피해는 얼마나 ‘오키나와의’ 것으로서 존재할까? 이는 메도루마가 말하듯 분명히 전쟁으로 인한 희생이지만, 그러면서도 그 하나하나는 개별적인 상처이기도 하다는 점에서 개개의 피해자에서 닫혀 있는 동시에 어떠한 분유(分有) 가능성으로 열려 있기도 한 것은 아닐까?

이 글에서는 이 같은 물음들을 염두에 두고, 오키나와 전쟁을 전후한 시기와 현재의 오키나와에서 일어난 폭력을 다룬 메도루마 슌의 소설 『무

7 森川恭剛, 「戦後沖縄と強姦罪」, 新城郁夫編, 『撹乱する島』, 東京: 社会評論社, 2008, 107-135쪽.

8 佐藤泉, 「一九九五-二〇〇四の地層: 目取真俊「虹の鳥」論」, 위의 책, 186쪽.

9 이른바 ‘집단 자결’이라 불리는 사건에서는 오키나와의 여성들이 미군에게 붙잡히면 강간을 당할 것이라는 두려움으로 인해 가부장적인 질서 속에서 죽음을 선택했을(혹은 선택하지 않을 수 없었을) 뿐 아니라, 실제로 일어난 강간 사건 또한 이와 유사한 맥락에서 문제화되기도 했다. 이와 관련해서 전후 오키나와에서 강간 사건을 논하는 것이 한편으로는 가부장제적인 성차별 이데올로기를 강화할 수도 있다는 주장에 동의하면서도, 미군에 의한 강간이 중대한 범죄라는 인식은 정당하다고 보는 논의로 森川의 앞의 글을 참조.

10 目取真俊, 앞의 책, 110쪽.

지개 새(虹の鳥)』와 『눈 깊숙한 곳의 숲(眼の奧の森)』에서 이 같은 폭력으로 인한 상처를 어떠한 방식으로 형상화하는지를 읽어 보고자 한다. 2004년에 잡지 『소설 트립퍼(小説トリッパー)』 겨울호에 실린 뒤 2006년에 단행본으로 출판된 『무지개 새』는 1995년이라는 시간을 배경으로, 폭력에 희생되어 '망가져 버린' 마유(マユ)라는 소녀와 그 폭력 구조의 말단에 있으면서 그녀를 관리하는 임무를 맡게 되는 가쓰야(カツヤ)라는 청년의 이야기다.[11] 한편, 2004년 10월부터 2007년에 걸쳐 잡지 『전야(前夜)』에 연재된 뒤 2009년에 출판된 『눈 깊숙한 곳의 숲』은 오키나와 전쟁 당시에 미군들에게 강간당한 소녀 사요코(小夜子)를 둘러싼 기억이 현재화되는 과정을 복수(複数)의 관점에서 그려 낸 소설이다. 『무지개 새』는 오키나와국제대학에 헬기가 추락하고 대학이 일시적으로 미군에 점거되는 2004년 8월 이후에 발표되었고 소녀 폭행 사건에 의해 촉발되어 미군 기지의 철수를 요구한 광범위한 항의 운동과 군용토지 강제 수용 절차가 동시에 진행되던 1995년을 배경으로 쓰였다. 이 점에 주목한 사토가 지적했듯 이 소설이 1995년과 2004년을 이중으로 비추는 '시간의 지층'을 가지고 있다면,[12] 『눈 속 깊은 곳의 숲』은 오키나와 전쟁부터 1995년의 사건, 2001년 9월 11일 동시다발 테러를 거쳐 현재에 이르는 시간을 좀 더 다양한 국면에서 조명하고 있다고 할 수 있겠다. 그리고 두 소설 모두에서 폭력을 당한 당사자, 즉 마유와 사요코는 일단은 말할 수 없는 혹은 말하지 않는 존재로서 그려진다. 아래에서는 계속되는 폭력에 대한 기억과 이를 둘러싼 관계가 두 소

11 잡지 연재본과 단행본 사이의 차이에 대해서는 銘苅純一, 「目取真俊「虹の鳥」の異同」, 『人間生活文化研究』 22号, 大妻女子大学人間生活文化研究所, 2012 참조. 이에 따르면 독음 표시, 구두점 등의 변동을 포함해 총 469군데의 수정을 확인할 수 있는데, 그중에서 특히 주인공 가쓰야의 누나가 미군 병사에게 강간당한 적이 있다는 기술이 단행본에서 추가된 것이 주목된다. 이 글에서는 단행본을 저본으로 하였다.

12 佐藤泉, 앞의 책, 164-165쪽.

설에서 어떠한 방식으로 드러나고 있는지를 살펴보겠다.

## 1.『무지개 새』와 폭력의 목소리

앞서 언급했듯『무지개 새』는 1995년에 일어난 소녀 폭행 사건을 전후한 시점의 오키나와에서 전개되는 이야기를 담고 있는데, 이는 가쓰야라는 등장인물의 관점에서 그려진다. 중학교에 들어가고 얼마 지나지 않았을 때부터 히가라는 상급생을 정점으로 하는 교내 폭력 집단에 휩쓸려 들어가게 된 가쓰야는 21살이 된 지금도 히가를 중심으로 하는 폭력 집단의 말단에서 일하고 있다. 배후에 야쿠자 조직이 있기도 한 히가가 주로 하는 일 중 하나는 어린 소녀들에게 매춘을 시켜서 그 장면을 사진으로 찍은 뒤 매춘 상대를 협박하여 돈을 뜯어내는 것이다. 히가가 보내오는 약에 중독돼 심신이 약해진 소녀들을 집에 두고 관리하면서 협박을 위한 증거로 쓰일 사진을 찍는 것이 가쓰야의 역할이다.

그런 가쓰야가 세 번째로 맡게 되는 소녀가 마유인데, 그녀는 예전에 그에게 왔던 소녀들보다 한층 더 무기력하여 "말이 없다기보다는 말 자체를 잃어버린 듯한 살풍경한 인상"[13]을 준다. 가쓰야는 그 이유에 대해 마유가 다른 소녀들과는 다른 경로로 히가의 수중에 떨어졌기 때문이라고 추측한다. 마유는 용모도 귀엽고 활발하여 중학교에서 인기 있던 소녀였지만, 그녀를 감싸 주던 선배가 졸업한 뒤부터 학내의 불량한 여학생들에게 괴롭힘을 당하게 된다. 그런데도 예전과 다름없이 행동하는 마유가 마음에 들지 않았던 이 여학생들은 어느 날 마유를 불러내어 남학생들에게 마유

13 目取真俊,『虹の鳥』, 東京: 影書房, 2006, 68쪽.

를 강간하게 한 뒤 성기에 손수건으로 싼 돌을 집어넣는 등의 린치를 가한다. 남편과 이혼한 뒤 혼자 마유를 키우던 어머니와 학교 교사들, 경찰이 사건을 조사하려 하지만, 병원에 실려 간 마유는 끝내 아무 말도 하지 않고 더는 학교를 나가지 않는다. 그로부터 2년쯤 지나 겨우 근처에서 아르바이트를 시작할 정도로 회복된 마유에게 가해자인 여학생 중 한 명이 빈번히 찾아오기 시작하고, 이윽고 마유는 그녀를 유일한 이야기상대로 생각하게 된다. 하지만 그렇게 마유에게 접근한 여학생은 예전의 린치 장면을 찍은 사진을 마유에게 보여 주며 협박한다. 결국, 마유는 히가에게 인도되어 매춘을 통해 번 돈으로 자신의 사진을 한 장 한 장 되사들이다가 신나와 약물에 중독된 채 가쓰야에게 온다.

소설에서 마유가 '말'을 거의 결여한 존재로서 그려진다는 점은 중요한 역할을 한다. 가령 마유는 매춘 상대와 만나기 위해 밖으로 나갈 때를 제외하면 거의 자고 있으며, 가쓰야를 포함한 외부 세계에는 어떠한 관심도 주지 않는 것으로 그려진다. 바로 그래서 폭력으로 인해 '비/인간화된 존재'이자,[14] 모든 인간성이 거절된 존재 혹은 인간의 범주에서 일탈한 존재로 이해된다.[15] 마유가 당한 극단적인 폭력을 생각할 때, 이는 폭력으로 인한 외상적 경험이 무엇보다 언어적인 표상을 쉽게 가능하게 하지 않는다는 점을 보여 준다. 외상적 경험이 이야기되거나 표상되는 구조를 가운데가 비어 있는 고리 모양(環狀)의 섬이라는 모델로 설명하는 미야지(宮地尚

14 佐藤泉, 앞의 책, 166쪽.

15 尾崎文太,「目取真俊『虹の鳥』孝: フランツ・ファノンの暴力論を越えて」,『言語社会5』, 一橋大学, 2011. 사토 이즈미는 이와 같은 마유의 표상과 아버지가 받아오는 높은 군용지료(料)에 기대 살고 있는 가쓰야의 두 형을 통해, 죽음과 삶 사이의 애매한 영역 어딘가에 선을 긋고 그럼으로써 사후적으로 인간과 비인간의 경계를 만들어 내는 생정치를 이야기하고, 오자키 분타는 파농을 경유해 마유의 존재를 식민지 사회에서 반은 인간이고 반은 동물일 수밖에 없는 원주민(다만 생산성을 고려하여 어느 한도까지만 얻어맞으며 영양실조에 걸렸고 겁을 집어먹은)의 존재와 포개어 놓는다.

子)에 따르면 이른바 트라우마의 한복판에 있는 사람들, 즉 외상적 경험을 실제로 겪은 사람들은 이미 죽어 버렸거나 설사 살아 있더라도 목소리를 내지 못하는 경우가 많다.[16] 트라우마의 핵이라고 할 수 있는 내해와 안쪽 사면, 바깥쪽 사면, 다시 외해로 이루어지는 이 고리 모양의 섬에서 마유는 블랙홀과 같은 핵 속에 머물러 있는 셈이다. 그리고 그녀의 경험은 다름 아닌 가해자 소녀의 입을 통해 가쓰야에게, 또 소설을 읽는 독자에게 전해진다.

『무지개 새』는 이러한 마유가 갑자기 예상 밖의 행동을 하는 데서부터 시작한다. 어느 날 그녀는 매춘을 위해 공원에서 만난 남자를 지정된 호텔이 아니라 가쓰야와 함께 사는 집으로 데려가서 남자에게 갑작스러운 폭력을 행사한다. 남자를 허리띠로 내리치는가 하면 욕실에서 뜨거운 물을 끼얹고, 심지어는 요도에 성냥개비를 밀어 넣는 린치를 가하는 마유의 모습과 마치 다른 생명체가 눈을 뜬 듯한 눈빛을 보고 가쓰야는 저도 모르게 긴장한다. 소설은 도입부에 등장하는 마유의 이러한 변화의 원인을 직접적으로 서술하지 않는 대신 이것이 남자의 직업이 중학교 교사라는 것과 관계 있음을 암시한다. 『무지개 새』를 통해 폭력의 문제를 사고하는 긴조 마사키(金城正樹)는 이 폭력을 '소녀다움', '교사다움'과 같은 규범을 파괴하는 힘으로서 이해한다.[17] 이 같은 '××다움'의 규범이 특히 문제시되는 맥락이 바로 1995년이라는 소설의 시간적 배경이다. 앞서 언급했듯 1995년에는 12세 소녀가 세 명의 미군 병사에게 폭행당해 사망하는 사건이 일어났는데, 이 사건과 이후에 이어진 대규모 항의운동이 이 소설에서는 중요한 축으로 등장한다. 또한, 여기서는 결국 히가를 불태워 죽이고 미국인 여아

16 宮地尚子, 『環状島 = トラウマの地政学』, 東京: みすず書房, 2007.

17 金城正樹, 「暴力と歓喜: フランツ・ファノンの叙述と目取真俊『虹の鳥』から」, 冨山一郎・森宜雄編, 『現代沖縄の歴史経験: 希望、あるいは未決性について』, 青弓社, 2010, 319-358쪽.

를 살해하는 데 이르는 마유의 폭력을 어떻게 이해할 것이냐는 물음이 떠오르기도 한다.

가쓰야는 평소에는 미군과 관련된 사건이나 사고를 접해도 아무렇지 않지만, 이 사건을 다룬 기사를 처음 봤을 때는 마치 온몸의 피가 끓어오르는 듯한 예기치 않은 분노를 느낀다. 그는 모래사장에서 폭행을 당하는 소녀의 모습을 구체적으로 떠올릴 뿐 아니라 가해자인 미군 병사들을 칼로 공격하는 자신의 모습을 상상하기도 한다. 그의 거의 신체적인 불쾌감은 자신의 누나가 마찬가지로 미군 병사에게 성폭행당하는 모습을 목격했던 어린 시절의 기억과도 이어진다. 이와 동시에 소설에는 항의운동에 대한 등장인물들의 반응이 등장하는데, 특히 가쓰야는 교사들의 행진을 내려다보며 그 속에서 마유의 몸을 사려고 했던 중학교 교사의 모습을 찾으려 하기도 한다. 이는 긴조가 지적하듯, 이 같은 항의운동과 기지반대운동을 지탱하는 중요한 축이 바로 피해자인 소녀의 소녀다움 혹은 무구함이라는 규범이기도 했다는 사실과 관련 있다. 그에 따르면 "분노를 드러내기는 해도 결코 넘으려고 하지 않는 선이 기지의 철조망처럼 사람들 마음을 둘러치고 있다"[18]며 항의운동을 보고 시큰둥해 하는 가쓰야의 인식은 무구한 희생이나 비폭력과 같은 규범적 인식에 대한 비판을 보여 준다.

폭력의 위계에서 가쓰야보다 상위에 있는 등장인물인 마쓰다나 히가 또한 이 항의운동에 대해서는 여느 때와 달리 관심을 보이는 것으로 묘사되는데, 여기서도 유사한 관점을 읽어 낼 수 있을 것이다. 마유의 일탈적인 폭력 행위에 대해 처벌을 하기 위해 모인 호텔 방에서 마쓰다는 텔레비전을 보며 "이렇게 사람들이 모여도 아무것도 못 하니, 오키나와 인간들도 별수 없지 뭐야. 이 정도까지 모였으면 기지 철조망을 부수고, 안에 들어

18 目取真俊, 앞의 책, 104쪽.

가서 미군 병사를 때려죽이면 될 텐데. 아무리 입으로 와와 떠들어댄들 미국 놈들은 아무렇지도 않겠지!"[19]라고 말하며, 속에 '끝없는 공허함'을 품은 채 타인에게 철저하고 무자비한 폭력을 휘두를 뿐인 히가 또한 "매달아버리면 돼. 미군 병사의 애를 납치해서 발가벗기고 58번 국도 야자나무 위에 철사로 매달아 놓으면 된다고. … 정말로 미군을 내쫓을 생각이라면 말이야"라고 이야기한다.[20] 이러한 생각은 소설 속에서 인물을 바꾸어 가며 희미하게 공명하는 목소리로 발화되는데, 이를테면 가쓰야 또한 미군 가족이 바비큐를 하던 모습을 떠올리면서 "미군 병사에게 오키나와 소녀가 당했다면 똑같이 되돌려주면 된다"[21]라고 생각한 바 있다.

하지만 가쓰야가 상상한 폭력은 곧장 '맞이 간 여자의 시중을 드는 것밖에는 아무것도 못 하는 겁쟁이'인 스스로에 대한 자각으로 바뀐다. 그리고 희미하게 공명하는 이 목소리를 현실화시키는 이, 즉 소설 마지막 부분에서 실제로 미국인 여자아이를 살해하는 이는 마유이다. 그러나 여기에는 오키나와의 상황과 관련하여 히가나 마쓰다, 가쓰야의 말에서 곧장 떠올릴 수 있는 이른바 대항폭력과 같은 그 어떠한 정치의식이나 맥락도 존재하지 않는다. 무엇보다 소설이 마유를 대규모 항의운동의 중심에 있는 무구한 소녀와는 오히려 대립하는 존재로서 그려 내고 있음을 짚어봐야 할 것이다. 호텔 방의 텔레비전에는 교복을 입은, 성실하고 청결한 인상을 주는 긴 머리 소녀가 비치고 있다. 항의를 위해 모인 몇만 명의 사람들에게

19 같은 책, 190쪽.

20 같은 책, 191쪽. 히가의 이 말은 1999년에 발표된 메도루마의 장편(掌編) 소설 『희망』에 등장하는 주인공의 행동과도 겹쳐진다. 『희망』에는 소녀 폭행 사건에 대한 보도를 보며 "지금 오키나와에 필요한 것은 몇천 명의 데모도 아니고 몇만 명의 데모도 아니다. 한 명의 미국인 아이의 죽음이다," "가장 저열한 방법만이 유효하다"라고 생각하고, 어린 사내아이를 데려가서 죽이는 인물이 등장한다.

21 같은 책, 106쪽.

호소하는 이 소녀의 얼굴이 가쓰야에게는 자기 방에서 본 마유의 얼굴과 겹쳐 보이기도 하지만, 그와 동시에 "지금 이 순간에 같은 오키나와에 살면서 텔레비전 속의 그녀와 마유는 정반대의 세계에 살고 있다"고도 느낀다.[22] 그리고 가쓰야는 침대에 있는 마유를 바라보며, "미군 병사에게 폭행당한 소녀를 위해서는 몇만 명이 모여도 침대에 엎드려 있는 마유를 신경 쓰는 사람은 없다"[23]는 사실을 새삼스럽게 깨닫는다. 피해자의 무고함, 혹은 사건의 외부(라고 상정된 곳)에서 이루어지는 사건에 대한 청결하고 단정한 말하기를 이 소설이 비판하고 있다면, 그러한 비판은 바로 앞서 장면에서 집약적으로 나타난다. 이는 분명히 폭력과 관련해서 피해자가 무고함을 강조하며 종종 소녀 혹은 어린아이라는 이미지를 부각시키는 언설들에 대한 강한 비판으로 작용한다. 또한, 이를 통해 가쓰야와 그의 가족을 포함해 군용지료와 같은 기지의 경제적인 이익에 의지해서 살아가는 오키나와 또한 결코 무고한 피해자이기만 한 것은 아니라는 점이 역으로 드러나기도 할 것이다.

하지만 가쓰야의 상상 속에서 폭행을 당하는 소녀의 눈은 어린 그의 누나의 눈으로, 그리고 다시 마유의 눈으로 바뀐다. 그 순간 가쓰야는 마유가 당했던 것처럼 '몸속을 비집고 들어오는 돌의 **감촉**'[24](강조는 인용자)을 느낀다. 이는 그저 그전처럼 '몸속에 들어오는 돌의 차가움을 상상'[25]하는 것과는 다르다. 그것은 소설에서 되풀이해 등장하는 '단 한순간의 차이'에 대한 인식과도 관련된다. 즉 가쓰야는 텔레비전에 나오는 오키나와 출신 아이돌 소녀의 얼굴을 보면서, 단 한순간의 차이만 아니었더라면 마유 또

22 같은 책, 190쪽.
23 같은 책, 192쪽.
24 같은 책, 190쪽.
25 같은 책, 78쪽.

한 지금과는 전혀 다른 세계에 있었으리라고, 또 마유뿐만 아니라 그런 여자들을 여럿 봐 왔다고 생각한다. 또한, 항의데모에서 교복을 입고 마이크를 잡고 선 소녀에 대해서도, 단 한순간의 차이로 무언가가 바뀌었다면 그 소녀와 마유의 자리가 바뀌었을 수도 있었으리라고 상상한다. 이는 그대로 단 한순간의 차이에 따라 오키나와의 역사가 바뀌었을 수도 있었을 것이라는 인식과도 포개지며, 가쓰야나 히가를 포함한 오키나와 사람들의 세계 자체도 단 한순간의 차이로 달라질 수 있었으리라는 상상으로까지 나아간다.

*만일 전쟁이 없었고 미군 기지로 강제로 접수되는 일이 없었다면 가쓰야 들도 철조망 저쪽 땅에서 나고 자랐을 터이다. 그랬다면 지금과는 전혀 다른 인생을 살았을 텐데…. 가쓰야의 인생뿐 아니라 부모님이나 조부모님, 전후의 오키나와를 살았던 마을 사람들, 모든 삶이 달랐을 터이다.*[26]

이 자그마한 차이를 어떻게 볼 것인가? 이 차이의 사소함은, 평화로워 보이는 일상의 바로 뒷면에 절망적인 폭력들이 존재하고 있음을 보여 주는 동시에 그 같은 폭력이 간발의 차이로 스스로가 사건의 외부에 있다고 느끼는 이들에게도 일어날 수 있음을 거듭 환기한다. 이 점에서 일단 이 소설이 구로사와(澤亜里子)가 지적하듯 "일상의 세부로 침투하고 침윤하는 '폭력'의 촉수"[27]를 그리고 있다고도 볼 수 있을 것이다. 그에 따르면 이 폭력은 직접적이고 물리적인 것뿐 아니라 이른바 오키나와 진흥정책이나 기지 관련 사업을 매개로 한 오키나와에 대한 경제적인 통제 또한 포함한

26 같은 책, 184쪽.

27 澤亜里子, 「目取真俊「虹の鳥」論: 日常の細部を浸潤する〈暴力〉」, 『沖国大がアメリカに占領された日』, 青土社, 2005, 242쪽.

다. 하지만 마유의 외상을 다름 아닌 자신의 몸속에서 느끼는 가쓰야의 경험 또한 한편으로는 폭력적이다. 아주 작은 차이를 두고서, 그러나 극히 가까이에 있는 피해자들이 연쇄를 이루며 겹쳐지는 순간에 일어나는 이 경험이란 타인에게 가해진 폭력을 내 신체에 일어나는 일로서 '감촉'하는 것이다. 미야지가 제기한 고리 모양의 섬이라는 모델을 빌려서 이야기한다면 이는 외상적 경험의 내해와 외해를 나누는 경계가 언제든지 쉽게 깨질 수 있음을 확인하는 일이고, 따라서 실제로 자신의 몸속으로 이물이 밀고 들어오는 것과 같은 경험이기도 하다.[28] 또한, 한편에서는 히가와 같은 인물이 손쉽게 휘두르는 폭력은 이 같은 경험을 너무나도 간단히 증식시켜 나가기도 할 것이다.

이러한 점에서 소설이 폭력을 기술함으로써 기존의 규범적인 관계를 바꾸어 새로운 관계성을 만들어 나가는 힘을 그려 내고 있다는 긴조의 평가에 동의할 수 있을 것이다. 그에 따르면 『무지개 새』는 "상상을 초월하는 폭력의 응수라는 순환에 휩쓸려 가는 가쓰야나 마유의 참상을 통해 군사적인 폭력에 노출된 오키나와의 현재 상황을 독자에게 호소하는 센티멘털한 이야기"가 아니다.[29] 하지만 이른바 '당사자'의 피해에 휩쓸려 가는 경험 자체가 갖는 폭력성과 그러한 피해 당사자들을 곳곳에서 산출해 내는 폭력을 섬세하게 구분하는 작업이 반드시 긴조가 비판하듯 폭력을 사유하기에 앞서 교조적으로 금지하는 일이 되지는 않을 것이다. 그러므로 사회가 규범에 어긋나는 다양한 힘을 폭력으로서 배제해 왔다는 그의 지적이 옳다 할지라도, 그것을 사회로부터 그렇게 배제돼 온 "마유, 가쓰야,

28 이를 도미야마가 말하는 '폭력의 예감' 즉 "옆에서 일어나는 일이지만 남의 일이 아니다"라는 감각과도 겹쳐 볼 수 있을 것이다. 그에 따르면 어떤 대상을 안다는 행위는 그 대상에 휘말린다는 신체 감각과 함께 있다. 도미야마 이치로, 앞의 책, 23-24쪽 참조.

29 金城正樹, 앞의 책, 341쪽.

히가가 있는 폭력의 세계"[30]라고 뭉뚱그려 말하는 데에는 주저할 수밖에 없다. 이는 마유의 폭력이나 이른바 대항폭력이 좋은 폭력이고 히가나 마쓰다의 폭력이 나쁜 폭력이라고 사전에 선을 긋고자 하는 것이 아니라, 단 한 순간의 차이를 폭력적으로 양산해 내고 무화하는 힘에 대해 비판적으로 사유하기 위해서다. 폭력의 세계와 일상적인 세계는 결코 이항대립적으로 파악할 수 있는 것이 아니며, 히가와 가쓰야의 폭력은 그들이 속한 세계의 규범, 그들의 세계가 경제적인 이익을 산출해 내는 것을 가능하게 하는 사회의 관계성을 흔들기보다는 오히려 확대, 강화하고 있다.

그런데 외상적인 경험의 분유가 이루어지는 출발점에 우선 희생자의 말이 놓인다고 할 때, 가쓰야가 처음에 약간의 동정을 느꼈을 뿐 별다른 주저 없이 사물처럼 대해 오던 마유에게 조금씩 휘말리게 시작되는 출발점에는 마유가 행한 최초의 돌발적인 폭력이 대신 자리한다. 앞서 언급했듯 이 폭력은 마유를 사기 위해 공원에 나타난 상대가 마유가 다니던 중학교의 교사라는 이유로 촉발된 것처럼 보인다. 더욱이 소설에서 가쓰야가 히가 패거리의 일원으로 행동하기 시작하면서부터 멀어진 중학교의 동급생들에게 느끼는 감정이나, 특히 처음에는 가쓰야에게 신경을 썼지만 히가 패거리가 교사의 가족들에게 위협을 가한 뒤로는 다른 교사들과 함께 그를 무시하게 된 사회과 교사에 대해 가쓰야가 품는 쓸쓸함을 생각할 때, 마유의 폭력이 교사 혹은 그가 대표하는 학교라는 사회를 향해 처음으로 폭발했다는 것은 역시 우연이 아니다. 여기서 사회적으로 기대되는 교사의 역할은 마유가 폭력을 행사하기 이전에 그가 소녀의 성을 사고 있는 시점에서, 아니, 그보다 앞서 결국 마유의 무언의 목소리를 듣지 않음으로써 그녀를 이 자리에까지 오게 했던 시점에서 이미 무너지고 있었다고도

30 같은 책, 346쪽.

볼 수 있을 것이다. 그렇다면 마유의 폭력은 사건을 자신과 무관한 것처럼 해설하거나 외부자로서 항의하는 목소리와는 대비되는, 언어화되지 않은 말이자 사건의 내부에서 발화되는 목소리로서도 존재했던 것 아닐까? 이 폭력이라는 목소리가 향하는 대상은 폭력적인 성향을 보인 매춘 상대, 마쓰다, 그 자신 또한 히가나 마쓰다의 피해자였던 동시에 그들과 함께 마유를 린치하는 데에 가담했던 소녀, 히가, 미국인 여자아이에게로 확대된다. 이는 물론 그녀의 폭력이 이성적으로 의도된 대항폭력이었으며 그 최종 수신자가 오키나와를 지배하는 폭력적 구조의 정점인 미국이었다는 뜻이 아니다. 그보다는 그것이 그녀가 외부를 향해 낼 수 있는 유일한 목소리였음을 의미한다고 해야 할 것이다.

마유의 폭력이 향하는 상대들은 대부분이(그녀가 폭력적인 성향의 매춘 상대를 살해했는지는 명시적으로 드러나지 않는다) 이미 마유의 손에 죽었고, 가쓰야만이 나지막하고 강한 '마유의 진짜 목소리'[31]를 듣는다. 특히 마유 자신이 처한 폭력적인 세계와 직접적으로는 관계가 없는 미국인 여자아이를 죽이는 폭력은 독자를 불편하게 만들지 모르지만, 소설은 이러한 폭력을 외부에서 쉽사리 단죄하는 편안한 위치를 허락하지 않는다.[32] 오히려 이는 마유가 피해자로서 속한 폭력적인 구조를 소설로 받아들임으로써 이후의 서사를 읽어 나갈 수 있었던 독자가 미국인 유아의 죽음에서 이르러

31 目取真俊, 앞의 책, 219쪽.

32 「희망」에 대한 신조 이쿠오의 언급은 여기서도 참조될 수 있을 것이다. "대체 이 석연치 않은 감각은 어디에서 오는가? 이를 생각할 때 이 「희망」이라는 소설이, 폭력이 발동되면서도 이를 어딘가에서 안정된 구도 속에 해소하려고 하는 회로를 절단하고자 하는 기도(企圖)로 가득하다는 점을 깨닫게 된다. 폭력을 당하는 오키나와(인)라는 존재가 실은 그 폭력을 어딘가 안정된 구도 속에서 인종(忍從)하고 나아가서는 받아들이고 있음을 노정시키는 시도로서 이 「희망」을 읽는 것이 가능할 것 같다는 말이다." 新城郁夫, 『沖縄文学という企て: 葛藤する言語・身体・記憶』, 149쪽 참조. 단, 여기서 마유를 곧장 오키나와 혹은 오키나와 인간의 대표로 등치할 수 없음은 물론이다.

서 멈칫하게 되는 감각, 즉 우리를 둘러싼 폭력적인 세계가 '안정된 구도'로서 이미 암묵적으로 전제될 때의 문제를 다시금 생각하게 해 준다. 이는 외상을 낳은 비극적인 사건이나 폭력은 항상 있었고 지금도 곳곳에서 벌어지고 있다는 식의 소위 현실적인 인식, 그리고 그러한 가운데 우리를 경악하게 하는 것은 종종 특정한 폭력들뿐인 상황에 대한 비판적인 개입이기도 하다. 마유가 휘두르는 폭력 또한 폭력임을 단죄하는 것은 간단하지만, 먼저 물어야 할 것은 말이 폭력으로 터져 나올 수밖에 없는 사태를 어떻게 막을 수 있는가이고 이러한 폭력을 일단 밀어내기에 앞서 이를 어떻게 다시 말로써 사유할 것인가이다. 또한, 마유의 폭력이 빚은 이 같은 결과는 마유의 등에 문신으로 새겨져 있기도 한 무지개 새를 둘러싼 전설의 내용과도 부합한다. 무지개 새란 '얀바루'라 불리는 오키나와 북부의 삼림지대에 산다는 환상의 새이다. 베트남 출정을 앞두고 이 숲에서 훈련을 받던 미군 특수부대원들은 이 새를 목격한 사람만이 부대에서 유일하게 살아남을 수 있지만, 이 새를 본 사실을 다른 부대원들에게 알리면 다른 부대원들이 목격자 대신 살아남는다고 믿었다고 한다. 소설은 가쓰야가 마유와 함께 경찰이나 히가 무리의 추적을 피해 얀바루로 향하는 데에서 끝난다. 미국인 여자아이의 죽음으로 인한 '짙은 염분과 해초 냄새가 섞인 바다 냄새'와 함께 이 모든 일이 펼쳐지는 오키나와라는 세계가 지금도 생존이 위협되는 전장임을 다시 한 번 상기시키면서.

## 2. 『눈 깊숙한 곳의 숲』과 기억의 침입

『눈 깊숙한 곳의 숲』은 바로 이 같은 전장으로 이어지는 오키나와 전쟁

당시의 기억을 소설화한 작품으로, 네 명의 미군에게 폭행을 당한 소녀 사요코와 그녀의 복수를 하기 위해 작살로 미군 병사를 공격한 청년 세이지(盛治)를 둘러싼 기억의 이야기다. 이 기억은 사요코나 세이지의 시점에서 그려지는 것이 아니라, 소설을 구성하는 각 부분에 등장하는 각각의 화자들을 통해 여러 각도에서 구성된다. 크게 열 부분으로 나뉘는 소설을 편의상 장으로 구분해 본다면, 사건이 직접적으로 서술되는 것은 1장뿐이다. 사건이 일어난 과거를 다루는 이 장에서는 후미라는 여자아이의 시점으로 두 사건이 그려진 뒤, 이어서 미군 병사의 배를 찌르고 나서 숲속의 가마(ガマ)로 숨은 세이지의 관점에서 서술이 이루어진다. 자연적으로 형성된 큰 동굴을 뜻하는 가마는 오키나와 전쟁에서 참호로 쓰였던 동시에 전쟁 중에 오키나와에서 일어났던 이른바 집단자결의 무대가 되기도 했다. 그리고 소설에서 사건이 일어나는 이 섬의 가마 주변 또한 미군의 격렬한 함포공격을 받았다.

사건이 일어난 날, 사요코와 다른 동년배 여자아이들과 함께 바닷가에 조개를 따러 간 후미는 본도에서 내해를 헤엄쳐 섬으로 건너오는 미군 병사들을 보고도 크게 놀라지 않는다. "후미는 미군 병사들에 대해 아무런 불안도 품고 있지 않았다. 전쟁이 시작되기 전에 교사는 미군 병사에 대한 무시무시한 이야기를 많이 들려주었다. 어른과 아이들도 붙잡히면 폭력을 당하고, 눈이 도려내 지거나 가랑이가 찢겨서 죽임을 당한다. 그러니 결코 붙잡혀서는 안 되며, 포로가 되기보다는 스스로 목숨을 끊는 편이 낫다."[33] 이는 그야말로 집단자결을 가능하게 한 요인 중 하나를 보여 주지만, 섬의 수용소에 있으면서 후미는 위해를 가하기보다는 먹을 것을 주고 상처를 치료해 주는 미군에게 공포보다는 오히려 친밀감을 느끼게 된다.

33 目取真俊,『眼の奧の森』, 影書房, 2009, 4쪽.

하지만 이렇게 바다를 건너 오키나와 북부에 있는 작은 섬에 상륙한 미군 병사 네 명은 사요코를 강간하고 돌아가고, 이후로도 섬에 건너와 다른 여자들에게 비슷한 일을 저지르기 시작한다. 사요코의 아버지를 비롯한 남자들은 분노를 느끼지만, 무장한 점령군에게 선뜻 맞설 수는 없다. 마을 사람들에게 바보 취급을 받던 세이지만이 바다를 건너오는 미군 병사를 작살로 공격한 뒤 가마에 숨는데, 마을 청년에게서 세이지가 있는 곳을 들은 마을 구장의 밀고로 미군의 수색부대에 발각되고 만다. 이윽고 미군이 가마 내에 최루가스를 살포하자 세이지는 가마에 숨겨 둔 수류탄과 작살을 들고 가마 밖으로 뛰어나간다.

1장 이후 소설은 기본적으로 사건으로부터 약 60년 전후의 시간이 흐른 현재로 건너뛰어, 이 사건과 관련된 여러 인물을 통해 사건에 대한 기억을 다시 구성하는 것으로 나아간다. 세이지가 가마에서 뛰쳐나가며 1장이 끝났다면, 2장에서는 그 후 세이지가 어떻게 되었는지를 당시 구장이었던 인물이 회상한다. 2인칭인 '너'로 지칭되는 구장은 오키나와 전쟁과 관련한 기억을 묻는 여자의 구술 인터뷰에 대해 대답하면서 한편으로는 그녀에게는 이야기할 수 없는 기억을 떠올리고 있다. 예컨대 '너'는 자신이 세이지가 숨어 있는 가마를 미군에게 알린 인물이며 그날 마을 사람들이 던진 돌에 맞은 뒤로 줄곧 마을 사람들에게 괴롭힘을 당하다 결국에는 마을을 떠났다는 것을 말하지 않는다. 인터뷰를 마친 여자가 떠난 후 '너'는 세이지와 비명을 지르며 달려가는 여자의 환상을 보고 마비를 일으켜 쓰러진다. 3장에서는 그날 후미와 함께 조개를 따러 갔던 동급생 중 하나로 이제는 70대가 된 히사코가 등장한다. 머리를 풀어헤치고 옷이 반쯤 벗겨진 채 달리는 여자의 꿈을 꾸게 되면서부터 그녀는 "잘라 내서 버리고 싶었던"[34]

34 같은 책, 70쪽.

기억, 잊었다고 생각했지만 얇은 막 아래에서 생생하게 살아 있는 기억을 되찾기 위해 동급생이었던 후미를 만나러 간다. 이어지는 4장에서는 후미가 섬을 안내하며 사요코와 세이지의 사건을 둘러싼 기억을 자신의 아들과 히사코에게 이야기한다. 4장 말미에서 히사코는 바다를 향해 앉아 있는 세이지를 보고, 5장에서는 세이지 자신의 목소리가 다른 사람들의 목소리와 뒤섞여서 등장한다.

6장의 화자는 오키나와 출신의 소설가로, 그는 옛 친구로부터 영상편지와 오래된 작살 촉으로 만든 목걸이를 받는다. 친구는 그가 미국에서 알게 된 J라는 인물의 조부가 오키나와에서 자신을 찌른 작살 촉으로 목걸이를 만들었고, 이를 부적처럼 가지고 있다 베트남 전쟁에 출정하는 아들에게, 또 손자 J에게 대물림했음을 이야기하며, J가 죽은 지금 J의 바람대로 작살 촉을 오키나와의 바다에 가라앉혀 달라고 부탁한다. 7장은 다시 사건 당시로 돌아가, 작살에 찔려 병원에 누워 있는 이 J의 조부의 시점에서 사건이 회상된다. 8장은 집단 괴롭힘을 당하는 어느 여중생의 시점에서 전개되는데, 이날 학교에서는 나이 든 여성이 증언하는 오키나와 전쟁 체험을 듣는 교육이 이루어진다. 9장에서는 이 나이 든 여성이 실은 사요코의 동생인 다미코였음이 드러나면서, 다미코의 관점으로 사건 이후 사요코에게 생긴 일이 서술된다. 마지막으로 10장은 오키나와에서 건너간 일본계 미국인 2세로 사건 당시 통역병이었던 인물이 오키나와 현이 주는 훈장을 거절하는 이유를 설명하는 편지로 이루어져 있다. 이 편지에서 그는 미군 병사가 작살에 찔린 사건을 조사하기 위해 마을로 갔던 자신과 소위를 보자마자 비명을 지르며 달려나간 소녀에 대한 기억과 함께 사건이 흐지부지하게 처리되면서 세이지가 마을로 돌아가기까지의 경위를 이야기한다.

이렇게 장을 거듭하면서 소설에서는 사요코가 당한 폭력의 기억이 이를 잊으려고 했던 사람들뿐만 아니라 사건 자체와 일견 무관해 보이는 사람들에게도 마치 자신의 것처럼 조금씩 퍼져 나간다. 그리고 이러한 연쇄적인 기억을 불러일으키는 촉매는 바로 비명을 지르며 달리는 사요코의 강렬한 이미지다. 가령 J의 조부는 병상에 누워 "눈 깊숙한 곳에 깊은 슬픔이 얼어붙어 있는" 소녀의 형상을 보는데, 그녀가 팔에 안고 있던 아기가 자신을 바라보는 순간 "이제부터 무슨 일이 일어나려 하는지를," "전부 깨달았다."[35] 이 선취된 기억은 아직도 "생명체의 몸에서 막 끄집어낸 내장처럼 축축하게 빛나며 날것 그대로의 냄새를 뿜고 있"는 작살 촉을 통해 J에게로 전해졌다, 그리고는 다시 소설가인 '나'에게 전해진다. 이렇게 기억이 촉발되는 과정에서 이미지는 거의 신체적으로 감각된다. '피 냄새'를 풍기는 작살 촉은 뚜렷한 파도 소리와 함께 가슴을 스치는 '아픔'을 가져오고, 사건이 일어나던 바로 그 순간 사요코가 바라보던 붉은 열매는 끈끈한 피의 덩어리가 되어 가해자의 몸 위에 떨어지며 가슴에 숨이 멎을 듯한 실제적인 '충격'을 가한다. 가쓰야의 경우와 마찬가지로, 폭력의 기억을 분유한다는 것은 이렇듯 신체적인 아픔을 수반하는 일임을 다시 한 번 상기할 수 있을 것이다.

여기서도 피해자인 사요코가 거의 미쳐 버린 존재, 머리를 풀어헤치고 반쯤 벌거벗은 채 집 밖으로 달려 나가며 의미를 알 수 없는 말을 중얼거리거나 비명을 지를 뿐인 존재로 그려진다는 것은 중요하다. 즉 마유와 마찬가지로 사요코 또한 외상적인 경험으로 인해 세상에서 제대로 된 말로 간주하는 무언가를 빼앗긴 존재로 그려지는 셈이다. 최루가스로 인해 눈이 먼 채 마을에 돌아온 뒤부터는 의미를 형성하지 않는 말들을 계속해서 중얼거리는 세이지 역시 마을에서 '미치광이' 취급을 받는다. 여기서는 먼

35 위의 책, 158쪽.

저 피해를 본 사요코가 보이는 광기가 왕왕 치료 대상으로 분류되며, 그녀나 세이지가 내놓는 말들이 말로서 인식되지 않는 구조 자체에 폭력성이 내재하고 있음을 지적해야 할 것이다.[36] 마유가 휘두르는 폭력과 마찬가지로 사요코의 울부짖음이나 몸짓 또한 비언어로 배제할 수는 없다.[37] 한편, 앞에서 언급했듯 독자들은 5장에서 세이지의 목소리를 직접 들을 수 있는데, 이 장에서는 이 세이지의 목소리가 사건 당시에 세이지를 신문했던 통역병, 세이지에게 말을 건네는 알 수 없는 인물, 가족을 비롯한 과거와 현재의 섬사람들의 목소리와 줄곧 뒤섞이면서 번갈아 등장한다는 점에 주목할 필요가 있다.

무슨 소리야, 세이지가 그랬다는 건 섬사람이 다 알아…, 그래서 섬사람이 다 피해를 봤지…, 뭐가 피해야, 비겁자, 자기가 아무것도 못 했다고…, 너 세이지를 편드는 거야?…, 섬 여자들은 다 세이지를 다시 봤어, 세이지 혼자만 용기가 있었다면서…, 그래, 나도 그렇게 생각해, 넌 훌륭했어, 세이지…, *당신은 뭔가 숨기고 있습니다*…, 미국인이 시키는 대로 산을 수색하는 걸 도와주기까지 하고 너는 부끄럽지도 않아… 하지만 얼간이니까 미국인을 작살로 찌를 수 있었을지도 몰라…, 확실히 보통 남자라면 못 했을 거야…, 미군도 세이지가 얼간이라서 사형까지는 안 시켰던 것 아냐…, *미국은 민주주의 국가입니다*…, 그렇

36 도미야마는 "병적 증상으로서 구분되는 영역이 체험과 관련된 기억이나 증언에 들러붙어 있다"는 점을 지적하며, 혼란스러운 발화를 치료의 대상으로 삼지 않고 그것을 받아 들일 가능성을 탐구한다. 冨山一郎, 「記憶の在処と記憶における病の問題」, 冨山一郎編, 『記憶が語りはじめる』, 東京: 東京大学出版会, 2006, 201-224쪽 참조.

37 말을 하고 있음에도 말하는 것으로 간주되지 않고 말의 외부에 놓이는 사태를 고찰하는 도미야마 이치로, 「말의 정류(停留)와 시작: 말할 수 없는 것과 말하지 않는 것」, 『문학과 사회 112』(문학과지성사, 2015), 494-510쪽 참조. 도미야마는 이를 집단 자결과 관련한 구술 조사에 대한 주민들의 거절과 관련짓는데, 이때 폭력이 예감되는 상황 속에서 '말하지 않는 것'은 폭력에 대한 방어태세를 취함으로써 이미 말하기 시작하고 있다.

게 심한 소리를 하다니 사요코와 세이지 마음은 생각 못 하겠어…? 너는 다 생각할 수 있어…? 정색하고 아는 척하기는…, *미국은 오키나와에 지유와 평화를 줍니다*…, 아팠어? 사요코…[38]

일본어 텍스트 옆에 토를 달아 오키나와 말을 표기한 이 장의 목소리들은 사건 이후 사요코와 세이지에게 어떠한 일이 일어났는지를 얼추 짐작하게 해줄 뿐 아니라 시간이 흐르면서 그 사건에 대한 기억이 얼마나 희미해졌는지도 보여 준다. 그리고 마치 현실의 유사한 사건을 둘러싸고도 언제든지 나올 법한 말들을 반영한 듯한 이 목소리들 속에서 세이지는 줄곧 괴로웠냐고, 이리 와서 동굴에 숨으라고 사요코에게만 말을 건넨다. 세이지의 이 같은 중얼거림 속에서 마을 공동체가 이미 잊어버린 과거의 기억은 끊임없이 현재로서 되살아난다.[39] 자신의 목소리가 들리느냐는 세이지의 계속되는 부름에 대한 사요코의 응답이, 9장 마지막에서 사요코가 입주해 있는 보호시설에 찾아간 동생 다미코의 귀를 거쳐서 독자에게까지 들리는 장면은 실로 감동적이다. 그것은 바로 이 지점에서 말이 아닌 것으로 배제되고 말의 외부로 밀려나던 영역을 들을 가능성이 부상하고 있기 때문일 것이다.[40] 이러한 가능성을 염두에 두되, 하지만 이것이 곧 중얼거

38 目取真俊, 앞의 책, 108-110쪽.

39 여기서 또다시 오키나와의 전후를 둘러싼 물음이 제기되는데, 이는 물론 오키나와라는 구획된 범위 혹은 좁은 의미의 전쟁에 한정된 이야기가 아니다. 신조 이쿠오가 갈파하듯 "이 증언자들은 전장에서 목격된 그 시간 안에 못 박혀 그 시간에 계속해서 멈춰 있다는, 전후의 불가능성 속을 살고 있다. 어떠한 '후(後)'가 이 증언자들을 찾아올 수 있을까? 모든 사건은 어떤 사후성에서 체험자를 철저히 괴롭히지만, 이 사후성에는 '후'라는 시간의 경과가 없다. 왜냐하면, 언어화함으로써 말할 수 없었던 그 사건과의 시간적인 차가 설정됐다 한들, 말하는 행위 자체가 어찌할 수 없이 사건을 현재화해 버릴 것이 분명하기 때문이다." 新城郁夫, 『沖縄の傷という回路』, 東京: 岩波書店, 2014, 133쪽.

40 한편, 사요코와 세이지의 발화와 관련해서는 이 소설이 "발화의 권리와 정통성을 둘러싼 정치적 배치에 대한 이의 제기"이기도 하다고 평가하는 鈴木智之, 「輻輳する記憶: 目取真俊

림, 비명, 몸짓 등에서 또다시 기존의 언어로 의미화할 수 있는 부분들을 추출하는 손쉬운 작업은 아니라는 점을 다시 한 번 확인해 두어야만 한다.

『눈 깊숙한 곳의 숲』은 이렇듯 소설에서 다루어지는 사건 바깥의 사람들뿐 아니라 소설 외부의 독자들까지 기억의 연쇄와 확장 속에 끌어들이는데, 이는 소설에 엮여 들어와 있는 다른 시공간의 폭력에 대한 서술을 통해서 이루어진다. 가령 6장에서 작살 촉이 친구를 거쳐 '나'의 손에 들어오는 이유는 J가 9.11 테러로 인해 죽었기 때문이다. 작살 촉을 '나'에게 전한 친구는 J의 죽음에 동정하면서도, "무차별 테러는 나쁘다든지 폭력의 연쇄는 용서할 수 없다든지 하는 입바른 소리"로 이를 간단히 부정할 수는 없다고 토로한다. 여기서는 J의 할아버지, 아버지, J로 이어지는 부계 관계가 각각 오키나와 전쟁, 베트남 전쟁, 9.11과 연결되면서 빌딩으로 돌진하는 비행기와 작살 촉의 이미지가 한순간 겹쳐지는데, 이를 통해 시초의 사건이 더 광범위한 폭력의 역사 속에 있음이 한층 분명히 드러난다.

이렇게 시공간적으로 확장되는 기억은 8장에 이르면 좀 더 개별적인 것으로 좁혀지는 것처럼 보이기도 한다. 이 장에서는 오키나와 전쟁 체험자로부터 증언을 들으며 이른바 평화 교육을 받는 바로 그 교실에서 집단 괴롭힘이 일어난다. 강연을 마친 다미코에게 와서 "흙 속에서 구출된 여자애 이야기가 정말 불쌍했어요",[41] "전쟁은 이제 절대로 하면 안 되겠어요"[42] 라고 말을 건네는 소녀들이 다른 소녀에게 발을 걸거나 돌아가며 침을 뱉

『眼の奥の森』における〈ヴィジョン〉の獲得と〈声〉の回帰」, 『社会志林59(1)』, 法政大学社会学部学会, 2012, 46쪽도 참조. 이에 따르면 세이지의 부름과 사요코의 응답은 이 서사의 '구원'으로서 존재하는데, 이는 이들의 목소리가 폭력으로 상처를 입은 이와 그 폭력에 저항한 이의 목소리를 존재하지 않는 것으로서 배제함으로써 성립하는 질서뿐 아니라 그들의 목소리를 광인의 것으로 치부하거나 그들에게 재차 폭력을 가하는 공동체와도 대치하는 것이기 때문이다.

41 目取真俊, 앞의 책, 185쪽.

42 같은 책, 186쪽.

은 주스를 먹이는 것이다. 여기서는 괴롭힘을 당하는 아이를 포함한 소녀들뿐만 아니라 9장에서 다미코임을 알게 되는 강연자까지 모두 어떠한 특정한 이름 없이 '**'로 표기되고 있는데, 그 이유는 이 '**'에는 실은 어떠한 이름도 들어갈 수 있기 때문일 것이다. 귀찮은 일이 싫어서 교실에 폭력은 존재하지 않는다고 기꺼이 믿을 준비가 되어 있는 교사까지 포함해서, 모든 '**'들은 이 모든 폭력의 연쇄 속에서 자유롭지 않다. 폭력의 외부란 존재하지 않는 것이다. 소설은 이렇게 평화로운 일상이 폭력과 함께 존재하고 있음을 이야기하며 기억의 분유 가능성을 모색하는 듯 보이면서도, 한편으로는 기억을 이야기하고 그 증언을 들음으로써 상처의 기억을 확장할 수 있다고 안이하게 기대하는 것에 대해서 끊임없이 경계한다. 이는 앞서 살펴본 『무지개 새』에서의 '자그마한 차이'가 자그마하지만 역시 분명히 존재하는 차이인 것과도 무관하지 않을 것이다. 그리고 이것은 피해를 둘러싼 개별적인 경험뿐 아니라 오키나와를 둘러싼 역사적인 맥락에도 해당된다.[43]

그 가운데 다시금 1995년의 기억이 환기된다. 애초에 J가 아버지로부터 할아버지가 이 목걸이를 간직하고 있었던 데에는 뭔가 특별한 이유가 있었을 것이며 언젠가 오키나와의 바다에 이 목걸이를 가라앉혀 달라는 이야기를 들었던 것을 떠올리게 된 계기는, 바로 1995년의 소녀 폭행 사건이

43 한 심포지엄에서 나온 집단 자결이 분명히 '오키나와적인 죽음'이지만 동시에 "조금 더 상상력을 펼쳐서 생각해 보면, 아마도 일본군 혹은 천황의 군대가 있었던 곳에서는 어디에서든 일어날 수 있을지 모른다"라는 발언에 대해 메도루마는 완전히 부정하지 않으면서도 이렇게 대답한다. "… 이런 일은 역시 있었으리라고 저도 생각합니다. 논리적으로 보자면요. 하지만 실제로 그런 일은 없었습니다. 본토 결전은 이루어지지 않았습니다. / 그러니까 있을 수도 있다고 생각하며 이 문제를 생각하는 것도 중요하지만, 동시에 본토 결전은 없었다는 것이 저는 중요한 의미를 가지고 있다고 생각해요. 이것은 62년 전에도 그랬고 지금도 그렇지만 야마토와 오키나와 사이에는 명백히 하나의 선이 그어져 있다고 생각합니다." 西谷修 · 仲里効編, 『沖縄／暴力論』, 東京: 未来社, 2008, 96쪽.

대규모 항의운동을 촉발하면서 다시금 오키나와라는 이름과 만났기 때문이다. 또한, 이 사건은 후미가 정년퇴직하고 얼마 지나지 않아서 일어났는데, 후미는 사건에 대한 보도를 접할 때마다 이 여자아이와 사요코가 겹쳐지면서 "아무것도 변하지 않는다, 오키나와는 오십 년이 지나도 아무것도 변하지 않는다"[44]는 생각에 괴로워한다. 그러면서 사요코를 잊은 척 살아왔다는 데에 가책을 느낀다. 이 이야기를 듣는 히사코 또한 그 사건이 일어날 당시에 신문을 보다가 갑자기 호흡이 가빠지는 바람에 가족들을 걱정시킨 적이 있다. 이렇듯 소설은 1995년에 실제로 일어난 사건을 중요한 축으로 가져오면서 오키나와라는 고유한 공간을 다시 한 번 부각시킨다. 하지만 소설에는 결정적으로 이 여자아이의 목소리가 부재한다. 폭력의 기억이 조금씩 침입해 오는 것을 경험하는 읽기를 통해, 이 부재의 목소리 그리고 우리가 그 부재조차 깨닫지 못하는 이들의 목소리의 부재는 더욱 더 선연하게 떠오르게 될 것이다.

이와 관련해서는 특히 마을 공동체와 미군 틈에서 비난과 경멸의 대상이 되었던 구장을 가리키는 '너'라는 주어에 대해서 주목해 볼 수 있다.

> 너는 섬사람들이 던진 돌에 맞은 남자에 대해서도 [편지에: 인용자] 썼지. 그게 누구냐면 아마 구장일 거야, 당시의. 나는 섬사람들이 돌을 던졌던 건 전혀 기억나지 않는데 우느라고 눈치를 못 챘을 수도 있어. 하지만 네가 편지에 쓴 말이 맞다면 그때 상황으로 볼 때 구장이 틀림없을 거야. 미국인들에게 협력해서 이래저래 이득을 챙긴 모양인데, 그만큼 섬사람들의 반발을 사기도 했던 것 같으니까. 우리 아버지가 나중에까지 그런 이야기를 했어. 하지만 섬사람들에게 돌을 던질 자격이 있었을까…. 나만 해도 미국인들에게 물건도 얻었고 이래

44 같은 책, 99쪽.

저래 협력도 했고 사요코 언니가 심한 꼴을 당한 뒤에도 아무것도 못 했는데, 구장이랑 다르면 얼마나 다를까, 나는 그런 생각이 들었어.[45]

전쟁 중에는 일본에 협력하다 전쟁 후에는 미국에 협력하는 구장과 같은 존재는 쉽게 비판의 대상이 되지만, 후미의 이 자성적인 목소리는 폭력을 둘러싼 책임의 문제에서 그 누구도 자유로울 수 없음을 새삼 상기시킨다. 섬의 여자들을 폭행하는 미군에 증오를 품으면서도 그것을 방관하는 데에서 그치지 않고 실성하다시피 한 사요코를 임신시킨 마을 청년들, 사요코의 아기를 빼앗아 어딘가에 양자로 보내 버리고, 딸이 능욕을 당하는 데도 아무것도 하지 못한 스스로에 대한 분노를 가족들에게 풀면서 딸에게는 계속해서 멸시의 시선을 던지던 아버지, 지금도 계속되는 세이지의 말에 귀를 기울이기는커녕 이를 무시하고 조롱하는 마을 사람들에 대한 서술은 물론 작금의 오키나와에 대한 비판으로도 기능할 것이다.[46] 하지만 가해자조차 '나'로 지칭되며 소설의 등장인물로서의 가해자에 대한 독자들의 이입을 얼마쯤은 가능하게 하는 이 소설에서 유일하게 등장하는 '너'라는 2인칭에 주목한다면, 여기서 유일하게 '너'로서 직접 호명되고 있는 사람은 다름 아니라 이처럼 소설에서 오키나와에 대한 비판을 읽어 내고는 스스로가 그것을 마치 3인칭으로 이야기할 수 있는 위치에 있는 것처럼 생각하는 독자라는 점을 결코 간과할 수 없을 것이다. 사요코의 울부짖

45 같은 책, 86쪽.

46 메도루마가 관광상품화된 '오키나와다움'이나 그 근간을 이루는 공동체의식에 대한 날카로운 비판자이기도 함은 잘 알려져 있다. 가노 마사나오와 같은 논자는 메도루마 작품의 중요한 기둥 중 하나로 공동체와의 격투를 들기도 한다. 鹿野政直,『沖縄の戦後思想を考える』, 東京: 岩波書店, 2013 참조. 또한 「희망」,『무지개 새』,『눈 깊숙한 곳의 숲』을 눈앞의 현실에 대응하지 못하는 오키나와 사회와 문학에 대한 비판으로 읽고 있는 연구로 곽형덕, 「메도루마 슌 문학과 미국: 미군에 대한 '대항폭력'을 중심으로」,『일본문화연구56』(동아시아일본학회, 2015) 참조.

는 목소리는 그녀의 이름을 기억하지 않는 바로 이 '너'에게, 당신에게, 우리에게 "점점 다가오고"[47] 있는 것이다.

## 3. 맺으며

이 글에서는 메도루마 슌의 소설 『무지개 새』와 『눈 깊숙한 곳의 숲』을 읽으며 오키나와의 계속되는 전쟁이 낳은 폭력과 이를 둘러싼 기억이 어떻게 현재적으로 재현되는지를 살펴보았다. 두 작품 모두에서 중심이 되는 폭력의 기억은 보통의 의미로 언어화되지 않는다는 점에서 '말할 수 없는/말해지지 않는' 것이지만, 소설에서는 이들의 몸짓과 비명, 중얼거림이 이들을 둘러싼 관계를 급작스럽게 변화시키는 계기로 등장한다. 이를 통해 두 소설은 외상적인 기억의 분유나 확장이 거의 신체적인 아픔을 수반하는 것임을 보여 주는 동시에, 소설 바깥 혹은 오키나와의 외부에 있는 사람들조차 이러한 아픔에서 자유로울 수 없음을 보여 준다.

『눈 깊숙한 곳의 숲』의 마지막 장에 등장하는 편지에서 늙은 통역병은 세이지가 어떻게 무사히 풀려나게 되었는지를 알려 준다. 앞에서 언급했듯 세이지가 왜 병사를 공격했는지를 조사하기 위해 방문한 마을에서 미군 소위와 통역병은 자신들을 본 사요코가 자해를 하며 계속해서 비명을 지르는 모습을 본다. 소위가 비밀리에 네 명의 미군 병사를 조사하여 진상을 파악한 뒤 사건을 무마시키자, 통역병은 이렇게 해서 풀려난 세이지를 마을에 데려다준다. 그리고 이때 처음으로 세이지가 중얼거리는 말의

47 目取真俊, 앞의 책, 60쪽.

뜻을 알아듣는다. "돌아왔어, 사요코."[48] 통역병은 오키나와 현에서 그에게 수여하려는 훈장을 거절하는 이유로 사요코의 시선과 비명소리가 그에게 도저히 어찌할 수 없는 가책과 안타까움을 준다고 밝히며, 모든 것은 60년도 더 전에 일어난 일이니 누구에게도 공표하지 말고 편지의 수신인인 '당신'의 기억 속에만 간직해 달라고 부탁한다. 편지 말미에 통역병은 이렇게 쓴다. "이 편지를 읽은 당신이 이해해 주시기를, 그리고 우리의 싸움을 계속해서 기록하는 당신의 작업이 앞으로도 순조롭게 이어져서 보답을 받기를 바랍니다. 젊은 세대가 당신이 기록한 우리의 증언을 읽고, 두 번 다시 그와 같은 전쟁을 일으키지 않게끔 노력해 주세요."[49]

사요코와 세이지가 언젠가는 행복하게 맺어졌기를 바라지 않을 수 없는 이 통역병의 간절한 마음에도 불구하고, 이 편지에서 드러나는 그의 양심은 오히려 기억의 고통스러운 확장을 중단하는 방향으로 움직인다. 두 소설이 분명히 보여 주듯 이 모든 일은 과거의 일도 아니거니와 단지 오키나와 전쟁의 이야기만도 아니다. 그렇다면 『눈 깊숙한 곳의 숲』의 단행본 뒤에 붙어 있는 "이 작품은 픽션이며 실재하는 섬, 개인과는 관계가 없습니다"라는 말이야말로 뜻하지 않게 소설의 말미를 장식하기에 가장 적당한 말인지도 모르겠다. 부재하는 이 관계를 어떻게 만들어 나갈 것인가가 바로 메도루마의 문학이 던지는 물음이기 때문이다.

48 같은 책, 219쪽.
49 같은 책, 220-221쪽.

**〈참고문헌〉**


目取真俊,『虹の鳥』, 東京: 影書房, 2006.

________,『眼の奥の森』, 東京: 影書房, 2009.

尾崎文太,「目取真俊『虹の鳥』孝: フランツ・ファノンの暴力論を越えて」,『言語社会5』, 一橋大学, 2011.

鹿野政直,『沖縄の戦後思想を考える』, 東京: 岩波書店, 2013.

北村毅,『死者たちの戦後誌』, 東京: 御茶の水書房, 2014.

金城正樹,「暴力と歓喜: フランツ・ファノンの叙述と目取真俊『虹の鳥』から」, 冨山一郎・森宜雄編,『現代沖縄の歴史経験: 希望、あるいは未決性について』, 東京: 青弓社, 2010, 319-358쪽.

澤亞里子,「目取真俊「虹の鳥」論: 日常の細部を浸潤する〈暴力〉」,『沖国大がアメリカに占領された日』, 東京: 青土社, 2005, 241-257쪽.

佐藤泉,「一九九五一二〇〇四の地層: 目取真俊「虹の鳥」論」, 新城郁夫編,『撹乱する島』, 東京: 社会評論社, 2008, 163-194쪽.

新城郁夫,『沖縄文学という企て: 葛藤する言語・身体・記憶』, 東京: インパクト出版会, 2003.

________,『到来する沖縄: 沖縄表象批判論』, 東京: インパクト出版会, 2007.

________,『沖縄の傷という回路』, 東京: 岩波書店, 2014.

________編,『撹乱する島: ジェンダー的視点』, 東京: 社会評論社, 2008.

鈴木智之,「輻輳する記憶: 目取真俊『眼の奥の森』における〈ヴィジョン〉の獲得と〈声〉の回歸」,『社会志林59(1)』, 法政大学社会学部学会, 2012.

冨山一郎,「記憶の在処と記憶における病の問題」, 冨山一郎編,『記憶が語りはじめる』, 東京: 東京大学出版会, 2006, 201-224쪽.

西谷修・仲里効編,『沖縄／暴力論』, 東京: 未来社, 2008.

宮地尚子,『環状島 = トラウマの地政学』, みすず書房, 2007.

森川恭剛,「戦後沖縄と強姦罪」, 新城郁夫編,『撹乱する島』, 東京: 社会評論社, 2008, 107-135쪽.

銘苅純一,「目取真俊「虹の鳥」の異同」,『人間生活文化研究22』, 大妻女子大学人間生活文化研究所, 2012.

目取真俊, 『沖縄「戦後」ゼロ年』, 東京: NHK出版, 2005.

곽형덕, 「메도루마 슌 문학과 미국: 미군에 대한 '대항폭력'을 중심으로」, 『일본문화연구56』(동아시아일본학회, 2015).

도미야마 이치로, 『유착의 사상』, 심정명 옮김(글항아리, 2015).

___「말의 정류(停留)와 시작: 말할 수 없는 것과 말하지 않는 것」, 『문학과 사회 112』(문학과지성사, 2015), 494-510쪽.

3장

# 라틴아메리카 유해(遺骸)정치의 특징과 의미

노용석

현재까지 알려진 학술적 연구에 의하면, 인간 문화는 신석기 시대 이후부터 인간의 죽음에 대해 특별한 상징성을 부여해 왔다. 이러한 상징성은 매장과 장례에 대한 관습을 만들었고, 인간의 죽음과 관련한 다양한 문화들이 전 세계적으로 존재하고 있다. 일반적으로 '장례'는 망자에게 죽음 이후 새로운 지위를 부여하는 통과의례적 성격을 가지면서, 산 자와 죽은 자 모두에게 의례의 의무에서 벗어날 기회를 제공한다.[1] 이것은 한 사람의 죽음이 사회화되는 것을 의미하며, 이러한 사회화 과정에는 의례를 정상적으로 마친 '정상적 죽음(common death)'의 중요성이 각 사회마다 강조되고 있다. 하지만 만약 어떤 이의 죽음이 장례와 같은 의례적 과정이 생략된 채 비정상적으로 방치되어 있다면, 이것은 개인의 불행일 뿐만 아니라 사회적으로도 상당한 위해 요소가 될 수 있다. 또한, 이러한 죽음을 '비정상적 죽음(uncommon death)'이라고 한다. 이러한 관점에서 각 사회는 '비정상적 죽음'을 극복하기 위한 다양한 문화적 제도를 마련하면서, 비정상적

1 노용석 2015, 211쪽.

죽음의 결과가 사회에 미칠 악영향을 방지하고 있다.

이러한 상황에서 설상가상으로 이미 매장된 시신이 다시 파헤쳐진다면 그것은 어떤 의미를 가질까? 모든 사회에서 누군가의 시신이 매장된 이후 다시 파헤쳐지는 것은 상당한 위험요소를 동반하고 있으며 비정상적인 것으로 여겨지는 것이 사실이다. 이미 매장되었던 시신을 발굴하는 것은 이장(移葬)과 '처벌', '명예회복'이라는 복합적 개념을 포함하기도 하는데, 이 상황에서도 시신의 발굴은 단순히 매장지의 위치를 옮기는 데 그치는 것이 아니라 상당히 정치적이고 복합적인 의미를 동반하고 있다.

이 글은 20세기 후반부터 라틴아메리카에서 지속되어 오고 있는 과거사청산 관련 유해 발굴 및 법의학적 과정들의 다양한 사례들을 소개하고, 이것이 가리키는 의미가 무엇인지를 분석하기 위한 기초 작업이다. 즉, 라틴아메리카 유해 발굴과 법의학적 과정의 다양한 양상이 어떻게 진행되고 있으며, 여기에 담긴 의미를 어떻게 해석할 수 있을까를 알아보고자 한다. 또한, 연구를 통해 궁극적으로 국가 간 경계를 넘어선 라틴아메리카 과거사 청산의 본질이 무엇이며, 이 과정에서 유해 발굴이라는 요소는 어떠한 상징성을 가지는가에 대해 분석하고자 한다.

## 1. 라틴아메리카 국가폭력의 역사

15세기 아메리카 대륙의 지리상 발견은 인류의 총체적 생활방식에 급격한 변화를 가져왔다. 유럽의 각 국가는 민족국가의 틀을 구축해 나감과 동시에 자신들의 부와 정치적 세력을 확장하기 위해 다투어 식민지 개발에 몰두하였다. 특히 이 과정에서 신대륙은 유럽의 식민지 개척의 중요한 대상이 되었으며, 라틴아메리카 대부분은 순식간에 열강들의 지배하에 놓이게 되었다. 이러한 라틴아메리카 식민지배 역사는 이후 원주민 사회의 문화적 정체성을 변동시키며 독특한 문화적 구조를 창출하는 계기가 되었다. 하지만 라틴아메리카의 진정한 문화적 정체성은 단순히 식민 지배를 통해서만 형성되었다고 언급할 수 없다. 오히려 라틴아메리카 근현대의 근본적인 사회 정체성은 19세기 이후 근대국민국가 건설 과정에서 발생한 수많은 쿠데타와 혁명, 폭력, 학살 등으로 설명할 수 있다.

1804년 아이티(Haiti)가 라틴아메리카 최초로 독립 국가를 형성한 이후 20세기 초반까지 대부분의 라틴아메리카 지역은 근대국민국가 형성(nation-building)에 박차를 가하기 시작하였다. 하지만 19세기 초반 독립으로 근대국민국가를 형성한 대부분의 라틴아메리카 국가들은 독재정치와 군사쿠데타에 의한 격동의 정치적 변화를 겪어야만 했다. 이때부터 시작된 라틴아메리카 각국의 군사쿠데타는 무려 250여 차례에 달하였으며, 칠레(1973-1990)와 브라질(1964-1985)의 경우에는 약 20여 년 동안 군부에 의한 통치 기간이 이어졌다.[2] 또한, 아르헨티나의 경우에는 1930년부터 1976년까지 모두 아홉 번의 군사정권과 민선 정부의 정권교체가 이루어졌다.[3] 이렇듯 라틴아메리카에서는 정권이 교체될 때마다 수많은 폭력과 테러, 암살 등이 발생하여 이 과정에서 유력 정치인을 포함한 수많은 민간인이 학살되었다. 이 때문에 라틴아메리카는 20세기 이후 전 세계에서 가장 많은 진실위원회가 가동된 곳이기도 하다.

이러한 이유에는 여러 가지가 있을 수 있으나 무엇보다도 제2차 세계대전 이후 라틴아메리카에서 발생한 '미국'과 '냉전(cold war)', '군부독재'라는

2 Vanden, H. E. & Prevost, G., 2009: p.186.

3 Feitlowitz, 1998: p.5.

주요 키워드를 생략한 채 설명할 수 없다. 이 세 가지 요소는 라틴아메리카 과두집단의 이해와 결합하여 헌정 질서를 파괴하고 빈부 격차를 심화시켰으며 사회를 암흑의 시대로 몰아갔다. 또한, 정치적 종속성과 독재정권의 출현은 필연적으로 국가폭력과 인권침해를 수반하는데, 라틴아메리카에서는 주로 민간인 및 좌익인사들에 대한 강제실종과 암살, 대량학살, 인권침해들이 주를 이루었다. 이처럼 수십 년간 반복된 사회 패턴은 설령 민주정부가 들어섰다 할지라도 과거에 대해 적절한 조처를 하지 않고서는 발전된 미래를 보장할 수 없게 만들었다.

이와 동시에 라틴아메리카 국가폭력의 가장 두드러진 특징으로 설명할 수 있는 것은 '폭력의 초국가성'이다. 이것은 위에서 언급하였던 냉전이라는 요소와 맞물리면서 과거사 청산에서 상당한 복잡성을 야기하고 있다. 이것은 피해자와 가해자의 관계, 혹은 인권유린과 폭력의 주체가 일국가 내에 존재하지 않을 수 있으며, 상당히 복잡한 형태로 분화된다는 것을 의미한다. 즉 라틴아메리카에서 진행된 광범위한 과거사 청산의 양상은 서구 사회에서 주목하는 범주와 비교해 약간의 상이성을 가지고 있다. 그것은 무엇보다도 일국가 내에서의 과거사 청산이 불가능한 경우가 많다는 것이다. 이것은 앞서 설명한 바와 같이 라틴아메리카의 초국가적 폭력이 발생했기에 존재하는 특수성이라 할 수 있다.

이러한 측면에서 볼 때 1970년대 라틴아메리카의 코노 수르(Cono Sur) 정부들에 의해 시작된 일명 '콘도르 작전(Operation Condor)'은 일국가 체계를 벗어나 약 80,000명의 민간인이 암살되거나 행방불명되는 결과를 낳았으며 감옥에 투옥된 인원만도 약 400,000명에 이르는 거대한 사건이었다.[4] 콘도르 작전 동안 코노 수르 내부에서 국가 간의 경계는 큰 의미가 없

4 콘도르 작전은 1975년 11월 25일 아르헨티나, 볼리비아, 칠레, 파라과이, 우루과이의 군사

었으며, '빨갱이'로 지목된 사람은 국적에 상관없이 어떤 국가에서나 처형할 수 있었다.[5] 또한, 비단 콘도르 작전만이 아니라, 라틴아메리카 국가별 인권침해 및 실종자 사건에서는 타 국가의 피해자가 상당히 많이 포함되어 있음을 알 수 있다. 하지만 초국가성으로 대변되는 라틴아메리카 국가폭력의 특수성을 콘도르 작전과 같은 특수배경으로만 설명하는 것은 바람직하지 않다. 이것은 라틴아메리카의 특수한 역사적 배경까지 고려해야만 정확한 원인을 찾아볼 수 있다. 베네딕트 앤더슨이 지적한 바와 같이, 라틴아메리카의 민족주의 혹은 민족국가의 태동은 타 대륙의 그것과 비교해 볼 때 상당한 특수성을 가지고 있기 때문이다.[6]

## 2. 살바도르 아옌데 유해 발굴

1973년 9월 11일 오전, 칠레의 대통령궁인 라모네다(La Moneda)는 공군

첩보 기관의 지도자들이 산티아고에서 칠레의 비밀경찰 기관인 DINA(Direccion de Inteligencia Nacional)의 지휘관 마누엘 콘트레라스와 만나 공식적으로 시작되었으며, 군부에 반대하는 세력 및 공산주의자를 테러 암살하기 위한 국가 간 연계 작전이었다. 이 작전에는 칠레와 아르헨티나 첩보국(SIDE), 볼리비아, 브라질, 파라과이, 우루과이 등의 정보기관이 참여하였고 근래에는 미국 CIA가 깊은 연관을 가졌던 것으로 밝혀졌다. 특히 콘도르 작전의 전모는 파라과이에서 발견된 비밀문서들에 의해 그 실체가 더욱 선명하게 밝혀지기도 하였다. 1992년 12월 22일, 파라과이의 교육가이며 시민운동가인 마르띤 알마다(Martín Almada)는 아순시온 인근의 위성도시인 람바레(Lambare) 경찰서 지하창고에서 산더미처럼 쌓여 있는 문서들을 확인하였는데, 이 문서들 속에는 파라과이의 독재자였던 스뜨로에스네르 정권 당시 살해된 50,000명의 명단과 30,000명의 실종자 명단, 그리고 400,000명에 이르는 투옥자의 신상이 담겨 있었으며, '콘도르 작전(Operación Condor)'과 관련된 여러 문서도 함께 발견되었다(노용석 · 구경모, 2012, 215-216).

5 예를 들어 콘도르 작전기간 동안 아르헨티나에서 약 111명의 칠레인이 실종되었으며, 이들은 현재 아르헨티나의 어딘가에 암매장된 것으로 추정된다.

6 노용석 2010, 63-64쪽 참조.

기의 폭격으로 화염에 휩싸였다. 세계 최초로 평화적 정권교체를 통해 사회주의 정권을 수립하였던 살바도르 아옌데 대통령은 피노체트가 이끄는 쿠데타군에 맞서 라모네다에서 최후의 항전을 펼치고 있었던 것이다. 하지만 오후 2시경, 피노체트가 이끄는 쿠데타군이 라모네다 진입에 성공하자 쿠데타군과 아옌데 정부군 간의 교전은 '싱겁게' 막을 내릴 수밖에 없었다. 당시 아옌데 대통령은 끈질긴 항복 및 망명 권유에도 불구하고 라모네다를 끝까지 사수하고 있었으며, 쿠데타군이 라모네다에 진입했을 때는 이미 자신의 AK-47 소총으로 자살하였다고 목격자들은 말한다.[7]

라모네다의 진압이 끝난 직후 피노체트 군부는 아옌데 시신에 대해 부검을 시행하여 자살로 판명한 후, 아옌데의 시신을 산티아고로부터 75마일 떨어진 곳에 있는 비냐 델 마르(Viña del Mar)의 묘지에 묘비명도 없이 서둘러 매장하였다. 이렇듯 피노체트 군부가 아옌데의 시신을 급하게 처리한 이유는 아옌데의 매장지가 '또 다른 항거'의 출발점이 되는 것을 막기 위함이었다. 이후 군사쿠데타로 정권을 장악한 피노체트는 1990년까지 역사상 길이 남을 철권통치를 하였으며, 칠레에 남아 있던 사회주의 제도 및 그 추종 세력을 폭력과 살인을 동반하여 철저히 파괴하였다. 하지만 피노체트의 철권통치는 1990년 대통령 선거에서 민선 대통령으로의 정권교체가 이루어지면서 멈추게 되었다.

1990년 정권교체로 들어선 민선 아일윈 대통령은 피노체트 정권의 폭력적 활동을 과거사 청산 대상으로 규정하고 본격적인 청산을 시작하였다. 그러나 민선 대통령이 들어섰다 할지라도 칠레의 정치 상황이 1973년 아옌데 정권 당시로 복귀한 것은 아니었다. 피노체트는 1990년 최고 통치

7 당시 아옌데 대통령의 주치의였던 파트리시오 구이혼(Patricio Guijón)은 자신이 라모네다의 2층에서 1층으로 내려왔을 때, 아옌데 대통령이 AK-47을 다리 사이에 고정한 채 자신의 턱 부근에 총격을 가해 자살하였다고 증언하였다(New York Times, 2011.5.24).

권에서 물러난 이후에도 여전히 국방장관과 국회의장 등을 역임하며 칠레 정국에 큰 영향을 미치고 있었다. 하지만 이때부터 칠레의 정치 상황이 이전과는 달리 변화하기 시작한 것은 분명한 사실이다. 이 변화의 출발점은 무엇보다도 1973년 군사쿠데타 이후 이름 없이 매장되어 있던 아옌데의 유해가 발굴된 것에서 찾을 수 있다. 1990년 아일윈 정부는 이름 없이 매장되어 있던 아옌데의 유해를 새롭게 만든 산티아고의 기념관(mausoleum)으로 이장하였다. 이 당시 아옌데 시신을 새롭게 이장한 것은 과거 아옌데의 '투쟁'을 보다 새로운 관점에서 각인시키기 위한 칠레 사회의 노력이었다고 볼 수 있다. 칠레에서 더는 아옌데는 '금기의 언어'가 아니라 새로운 역사로 각인되기 시작하였으며, '시신의 이장'은 '비정상적 상태'에 놓여 있던 아옌데의 죽음을 의례를 수반한 '정상적 형태'로 되돌려 놓는 계기가 되었다.

이후 2011년 들어와 또다시 제기되기 시작한 아옌데 유해 발굴은 1990년에 행한 것보다 좀 더 극적인 요소와 복합적 의미를 포함하고 있다. 그것은 1990년 사례가 불의에 저항한 영웅에게 국가적 존엄과 명예를 부여하기 위한 상징적 요소라면, 두 번째는 좀 더 본질적이고 세부적인 칠레의 과거사 청산과 연관된 것이기 때문이다. 법의학자인 루이스 라바날(Luis Ravanal)은 아옌데의 두개골에서 모두 두 개의 총 상흔을 발견하였다. 그중 하나는 권총과 같은 작은 무기에 의한 총상이었고, 나머지 하나는 AK-47 등과 같은 좀 더 큰 화기의 것이라고 주장하였다. 이것은 아옌데의 죽음과 관련하여 중요한 새로운 해석을 암시하는 것이었다. 즉 정설로는 아옌데가 쿠데타군이 라모네다로 진입할 즈음 스스로 목숨을 끊었다는 것이었으나, 위와 같은 법의학적 근거는 아옌데의 죽음이 쿠데타군에 의한 타살이었을 가능성을 제기하는 것이다. 실제 쿠바의 피델 카스트로는 아옌데가 라모네다 내부에서 교전 중 피살되었음을 계속 강조했다. 만약 아옌데의 죽음이 타살이었다면, 이것은 아옌데의 죽음에 좀 더 많은 상징적 의미를 선사할 수 있다. 가령 예를 들어 '불의(군사쿠데타 세력)에 맞선 불굴의 투쟁 정신' 혹은 '잔혹한 독재정권(피노체트 정권)의 실상' 등이 그러한 상징으로 떠오를 수 있을 것이다.

많은 칠레 국민은 아옌데 유해의 발굴과 재부검에 대해 다양한 의견을 내놓았다. 어떤 이는 세월이 흐른 뒤에 행해지는 유해의 재부검이 무슨 소용이 있느냐는 의견을 내놓았고, 또한 과거 피노체트 쿠데타 정권하에서 구금과 고문을 경험한 이는 어떠한 부검결과가 나오던 아옌데의 '숭고한' 정신을 훼손할 수 없다고 주장하였다. 마침내 2011년 5월 24일, 법원의 명령으로 아옌데의 유해는 발굴되었고, 전문적인 법의학팀에 의해 재부검 되었다. 이후 2011년 7월, 재부검을 담당했던 법의학팀은 아옌데의 죽음에 다른 사람의 개입이 없었음을 공식적으로 발표하였다.

이처럼 아옌데 유해에 대한 재부검 결과는 자살로 판명되었다. 하지만 아옌데 부검과 관련해 벌어진 일련의 과정들은 많은 점을 시사해 주고 있다. 먼저 아옌데 유해의 재부검은 표면적으로 드러난 사회적 이슈 이외에 과거사 청산을 더욱 공고히 하겠다는 칠레 사회의 의지가 표현된 것이었다. 아옌데 유해의 재부검이 이루어지던 2011년은 피노체트 군부독재를 종식한 좌파 연립정권 콘세르타시온(Concertación)의 20년 집권이 끝나고 우파정부인 세바스티안 피녜라 정부가 들어선 시기이다. 이 시기는 좌파 혹은 진보 세력에게 자칫 칠레 사회에 불완전한 과거사 청산이 영구적으로 공고화될 수 있다는 불안감이 극대화된 시기일 수 있다.

이러한 상황을 돌파라도 하기 위함이었는지, 2011년 칠레에서는 대학가를 중심으로 국가에 의한 무상교육을 요구하는 대규모 학생시위가 발생하였다. 사실 칠레의 학생시위는 단순한 교육적 문제라기보다는 피노체트 군사 독재정권으로부터 시작된 잘못된 제도의 개혁을 촉구하는 과거사 청산의 성격이 매우 짙었다. 이러한 시기적 상황에서 시작된 아옌데의 재부검은 단순히 과거의 궁금증을 해소하기 위한 일회성 이벤트였다기보다 좀 더 큰 맥락에서 과거사 청산을 완결하고자 하는 의지의 표현이었다고 볼 수 있다. 즉 아옌데 유해에 대한 재부검은 별다른 결론을 도출하지는 않았으나 유해 발굴 자체만으로도 칠레 사회에서 과거사 청산의 지속을 알리는 중요한 상징이 된 것이다.

여기서 흥미로운 것은 라틴아메리카에서 아옌데 유해 발굴과 같은 이벤트들이 상당히 많이 진행되고 있으며, 특히 20세기 후반부터 거의 모든 나라에서 광범위하게 시행되고 있다는 점이다. 라틴아메리카에서 시행되고 있는 유해 발굴의 종류는 아옌데와 같은 과거 정치인의 유해로부터 시작하여 국가폭력으로 인해 학살당한 대규모 민간인에 이르기까지 실로 다양하지만, 대부분의 경우는 국가폭력 및 과거사 청산과 관련되어 있다.

## 3. 유해 발굴을 통한 상징의 구축: 시몬 볼리바르와 골로라트 사례

볼리비아 산악지대에서 라틴아메리카 해방을 위해 게릴라 전을 수행하던 중 사망하였던 체 게바라의 유해는 1997년 자신의 '혁명적 고향'인 쿠바로 돌아와 산타클라라의 안치소에 안장되었다. 이것은 비단 쿠바혁명의 대의를 마무리한다는 지점에만 의의가 있는 것이 아니라, 라틴아메리카 전역에 영향을 미치고 있던 체 게바라의 유해를 재매장함으로써, 쿠바혁명이 라틴아메리카 전체 혁명에서 지대한 영향을 미치고 있음을 말하는 것이다. 또한, 이것과는 정치적으로 반대되는 유해 재매장 사례가 라틴아메리카의 브라질에서 발생하였다. 1972년 브라질의 군부독재는 포르투갈에 매장되어 있던 '브라질 제국'의 첫 번째 황제 페드루 1세(Pedro I )의 유해를 상파울루로 가져와 재매장하였다. 이것은 무엇보다도 독립국가로서의 브라질 위상과 군부독재 통치의 정당성을 강화하려는 조치였다.

이렇듯 라틴아메리카에서는 종종 주요 정치적 인사들에 대한 유해 발굴이 상당히 중요한 맥락을 유지한 채 진행됐으나 본격적으로 전 세계적인 관심을 받기 시작한 것은 2000년대 이후부터 지속해서 진행되어 온 몇몇 정치지도자 유해의 재매장 및 법의학적 검사였다.

### 1) 하나의 라틴아메리카를 위한 상징: 시몬 볼리바르 유해 발굴 사례

진정한 라틴아메리카의 근대는 스페인 식민정부와의 독립전쟁을 기점으로 발전했다고 볼 수 있다. 특히 시몬 볼리바르는 스페인 식민통치 시기로부터 베네수엘라, 콜롬비아, 볼리비아, 에콰도르, 중미연방공화국, 페루를 독립시킨 '라틴아메리카의 해방자'로 불리고 있다. 그는 1800년대 초반부터 라틴아메리카 독립운동을 전개하여 '그란 콜롬비아(Gran Colombia)'를 결성하는 등 눈부신 활동을 전개하였으나, 결국 라틴아메리카 통합을 완성하지 못한 채 1830년 콜롬비아의 산타마르타 근처에서 폐결핵으로 사망하였다.

이후 시몬 볼리바르의 죽음이 다시 사회 전면에 등장한 것은 약 177년이 지난 시점이었다. 그 핵심은 바로 라틴아메리카 '좌파' 정부의 핵심 인물로 손꼽히던 우고 차베스였다. 차베스는 평소 자신의 정치적 여정을 시몬 볼리바르에 빗대어 서술하곤 하였지만, 시몬 볼리바르의 무덤을 발굴하여 유해를 조사하겠다는 최초의 생각은 2007년경부터 시작되었다. 당시 차베스는 연설에서 시몬 볼리바르가 폐결핵이 아니라 콜롬비아의 과두제 집권층(caudillo)에 의해 살해되었으리라는 이야기를 하였다. 이를 통해 시몬 볼리바르 죽음의 미스터리를 풀기 위한 여러 계획이 수립되었으며, 이 중 하나가 시몬 볼리바르 유해에 대한 재부검이었다. 마침내 2010년 7월 16일, 차베스 정부는 카라카스 국립묘지에 안장되어 있던 시몬 볼리바르의 관을 열고 유해에 대한 법의학적 조사를 하기에 이른다. 하지만 당시 유해를 조사하였던 한 조사관은 시몬 볼리바르의 유해에서 독성물질이 발견되긴 하였으나, 이것은 시몬 볼리바르가 복용한 약의 성분일 수 있기에 살해되었다고 단정 내리기는 어렵다는 의견을 표명하였다. 결국, 차베스가 추진했던 시몬 볼리바르 유해에 대한 조사는 큰 성과 없이 종료되었다.

하지만 중요한 것은 조사의 결론이 아니었다. 시몬 볼리바르의 유해 발굴이 진행되는 동안 베네수엘라의 모든 언론은 차베스와 시몬 볼리바르의 연계성을 선전했으며, 차베스 역시 자신이 라틴아메리카 '해방자'의 '적장자'임을 공언하였다. 즉 시몬 볼리바르 유해 발굴은 라틴아메리카에서 새로운 '좌파정부'의 리더로 부상했던 차베스의 입지를 시몬 볼리바르라는 '상징성'을 빌려 라틴아메리카 전체의 이미지로 형상화한 것이며, 베네수엘라 정권에 옹호적이지 않았던 콜롬비아를 과거로 소환하여 상징적으로 청산하고자 한 것이다. 결국, 시몬 볼리바르 유해 발굴은 새로운 라틴아메리카의 상징을 찾는 작업과 초국가적 과거사 청산이 동시에 진행된 것이라 할 수 있다. 사실 콜롬비아는 차베스 집권 이후 베네수엘라의 좌파정권에 대해 상당히 악의적 태도를 지속해왔으며. 이에 대해 차베스는 시몬 볼리바르를 통한 과거사 청산이라는 형식을 빌려 라틴아메리카 혁명의 '정당성'에서 콜롬비아를 배제한 것이다.

### 2) 초국가적 폭력의 상징적 청산: 골라르트 유해 발굴 사례

브라질은 과거사 청산을 위해 2012년 5월 국가진실위원회(Comissão Nacional da Verdade)를 설립하였다. 이 위원회는 1944년부터 1988년까지 국가에 의해 자행된 인권침해 사례를 조사하였으며, 특히 1964년부터 1985년까지 군부독재 정권하에서 자행되었던 학살과 고문 피해, 실종자 문제 등을 집중적으로 조사하였다.[8] 브라질 국가진실위원회는 일명 '장고'로 불리던 골라르트(João Belchior Marques Goulart) 전 대통령의 죽음에 대해서도 조사를 하였다. 골라르트는 1961년부터 1964년까지 브라질의 대통령을 역임하였으나 재임 기간에 군사쿠데타가 발생하여 우루과이로 망명하였다. 이후 1973년 골라르트는 아르헨티나의 부에노스아이레스로 거처를 옮겨 망명을 지속하던 중, 1976년 12월 6일 아르헨티나의 메르세데스에 있는 자택에서 심장병으로 사망하였다. 이때는 아르헨티나 군부가 이사벨 페론 정부를 몰아내고 그 유명한 '더러운 전쟁(dirty war)' 시기를 시작한 군부독재 정권 시절이었다.

그러나 2000년, 전 리오데자네이로 주지사였던 브리솔라(Leonel Brizola)가 '장고'의 죽음이 심장병에 의한 것이 아니라 '콘도르 작전(Operation Condor)'의 거대한 틀 속에서 이루어진 타살이라고 주장하였다. 이와 같은 타살 주장은 2008년 우루과이 정보기관 요원이었던 마리오 네이라(Mario Neira Barreiro)가 골라르트의 독살설을 주장함으로써 더욱 신빙성을 갖게 되었다. 마리오 네이라에 의하면, 골라르트에 대한 암살 명령은 당시 브라질 대통령이었던 헤이세이(Ernesto Geisei)[9]로부터 내려왔고, 직접적인 암살

8 브라질 국가진실위원회는 2014년 12월 최종보고서를 발간하여 군사정권 당시 총 434명의 민간인이 국가폭력에 의해 사망하거나 실종되었으며, 이러한 행위는 브라질 군부와 경찰, 비밀정보기관에 의해 실행되었음을 밝혔다.

9 1974년부터 1979년까지 브라질 대통령.

은 우루과이 비밀정보 기관에 의해 실행되었다. 결국, 2013년 3월 브라질 국가진실위원회는 골라르트의 죽음을 조사하기 위해 유해 발굴을 결정하였으며, 법의학팀은 유해에 독성 실험 등을 하여 타살 여부를 밝힐 예정이었다. 조사 결과 골라르트의 유해에서는 기존의 해석을 뒤집을 만한 뚜렷한 증거가 발견되지는 않았다.

하지만 위에서 언급한 타 사례와 같이, 골라르트 재부검 사례는 그 결과가 중요한 것이 아니라 과거사 청산을 진행하고 있는 브라질 정부의 의지를 확인한 것이라 볼 수 있다. 특히 브라질 정부는 골라르트 살해 의혹에서 현실적으로 직접적 조사를 수행할 수 없는 우루과이를 겨냥해 과거사 청산을 위한 일종의 '액션'을 취했다고 볼 수 있다. 이것은 콘도르 작전 속에 포함된 초국가적 폭력을 골라르트의 유해라는 '상징'을 통해 폭로하고자 한 것이다.

위에서 살펴본 개별 유해 발굴 사례를 통해 볼 때, 라틴아메리카 유해정치의 가장 큰 특징은 과거사 청산과 깊은 관련이 있지만, 직접적 청산의 기제로 사용되지는 못하고 일종의 '상징'으로 기능하고 있다는 것이다. 또한, 이러한 유해 발굴은 2000년대 이후 라틴아메리카발 '신좌파 정부'가 들어선 이후 더욱 본격적으로 진행되고 있는데, 이것은 콘도르 작전과 같은 초국가적 폭력을 청산하기 위한 중요한 '상징적' 기제가 되고 있다. 왜냐하면, 과거사 청산의 실제 청산 기제는 개별 국가에서 이루어지는 입법행위 혹은 제도개선 행위 등으로 특징되기 때문에, 일국가를 벗어난 범주에서는 형식화된 청산의 틀을 갖추기 힘들기 때문이다.

## 4. DNA와 유해 발굴을 통한 저항

앞선 절에서 라틴아메리카의 개별 정치인 유해 발굴이 어떠한 의미를 가지는가에 대해 논의하였지만, 사실 2000년대 이후부터 위와 같은 종류의 유해 발굴과 재부검 등이 유행하게 된 것은 1980년대 이후부터 라틴아메리카에서 광범위한 민간인 집단 피학살자 혹은 실종자에 대한 유해 발굴이 선행되었기 때문이다. 라틴아메리카에서는 1980년대 초반 아르헨티나를 출발점으로 하여 국가폭력에 의한 피학살자와 실종자를 대상으로

**〈라틴아메리카 각국의 유해 발굴 현황〉**

| 국 가 | 발굴 추동 집단 | 유해 발굴 기관 | 발굴의 법적 근거 |
|---|---|---|---|
| 엘살바도르 | 유족회<br>비정부 인권단체 | 독립적인 국제기관/EAAF | 진실위원회 권고 |
| 콜롬비아 | 유족회 | 국제기관(적합)<br>국내기관(신뢰도의 문제 발생) | 법률 975호의<br>포괄적 적용 |
| 과테말라 | 유족회 | 독립적인 국제기관/FAFG/<br>EAAF | 진실위원회 권고,<br>개별 사건에 대한 법원의 수사 |
| 페 루 | 유족회<br>비정부 인권단체<br>진실위원회 | 국가기구(하지만 신뢰도에서<br>문제가 있음), EPAF | 진실위원회 권고 |
| 칠 레 | 법원(최근) | 부정기적으로 국가가 지정한<br>발굴팀 동원/EAAF | 법원의 수사 |
| 아르헨티나 | 법원(최근) | EAAF 등 | 진실위원회 권고,<br>법원의 수사 |
| 우루과이 | 유족회 | 독립적인 국제기관/EAAF | |
| 브라질 | 유족회 | 국내 혹은 국제기관<br>(신뢰도에서 문제가 있음) | |
| 파라과이 | 진실위원회 | EAAF | 진실위원회 |

한 대규모 유해 발굴이 시행되었으며, 이러한 경향은 현재까지 지속하고 있다. 라틴아메리카 국가 중 대표적인 유해 발굴 사례로서 아르헨티나와 과테말라, 페루의 사례를 소개하면 다음과 같다.

1) 아르헨티나

아르헨티나는 라틴아메리카에서 최초로 민간인 학살 및 실종자 문제 해결을 위해 과학적 유해 발굴을 도입한 국가이다. 유해 발굴을 전담하고 있는 기관은 비정부 민간단체인 EAAF(Equipo Argentino de Antropología Forense)가 존재한다. 아르헨티나는 1976년부터 1983년까지 소위 '더러운 전쟁'이라는 군사독재 정권 시기를 맞았으며, 이 시기에 약 10,000여 명 이상의 민간인 피학살자와 실종자가 발생하였다. 1984년, 군사독재 정부가 물러나고 민선 알폰신 정부가 들어섰으나 실종자를 찾기 위한 프로그램은 제대로 운영되지 않았으며, 특히 법의학적 측면에서 상당한 어려움을 겪게 되었다. 이때 미국을 비롯한 해외 인권 그룹들이 법의학적 전문가 그룹을 아르헨티나로 파견하게 되는데, 전문가 그룹 중의 한 사람이었던 스노 박사(Clyde Snow)가 아르헨티나 내에 고고학자와 인류학자, 그리고 체질인류학자로 구성된 전문 법의인류학 팀을 구성한 것이 EAAF의 시초가 되었다. EAAF는 1984년부터 아르헨티나 전역에 있는 비밀매장지를 발굴하여 실종자의 유해를 발굴하였으며, 특히 1990년 이후부터 과테말라와 볼리비아, 칠레, 멕시코, 엘살바도르, 파라과이, 우루과이 등 타 국가로 진출하여 직간접적으로 유해 발굴을 시행하고 있다.

2) 과테말라

과테말라는 FAFG(Fundación de Antropología Forense de Guatemala)라는 유

해 발굴 기관을 보유하고 있다. 이 기관은 유해 발굴을 전문적으로 수행하는 법의인류학 기관으로서, 총 34명의 연구진과 140명의 직원으로 이루어진 대규모 조직이다. 이 기관은 1991년 아르헨티나의 발굴 기관이었던 EAAF를 출범시킨 스노 박사에 의해 EAFG(Eqipo Argentino de Antropología Forense)라는 기관으로 출범하였고, 이후 1992년부터 현재까지 과테말라 내전 동안 희생되었던 민간인 피학살자의 유해를 발굴하고 있다. 이 기관은 정부조직이 아니지만 검찰(Ministerio Publico)과 밀접한 연관을 가지며 유해 발굴을 진행하고 있으며, 2012년까지 약 5,810구의 유해를 발굴하였다.[10] 또한, 과테말라 유해 발굴에서 두드러지는 점은 사회심리적 트라우마 치료가 발굴과 함께 진행된다는 것이다. 사회심리팀은 발굴기간 동안 유족들의 트라우마를 치유하기 위해 체계적인 상담 및 활동을 시행하고 있다.

### 3) 페 루

페루는 유해 발굴이 내전 기간에 시작된 국가 중의 하나이며, 정부군과 게릴라(shining path) 양 진영 모두에서 촉발된 실종 및 학살 사건을 다루고 있다. 유해 발굴은 페루 진실위원회(2001년 설립)의 주요 기능 중의 하나였다. 페루 진실위원회는 2001년 2월부터 2003년 8월까지 아야쿠쵸를 비롯한 내전 희생자 발생 지역에 대해 조사를 시행하였고, 약 4,644개소의 유해 매장 추정지와 2,200여 개의 발굴 가능지를 추정하였다. 이후 2002년 아야쿠쵸의 추치(Chuschi)에서 최초로 검찰과 법의학 팀에 의한 유해 발굴이 이루어지게 된다. 페루의 유해 발굴은 유족과 인권단체, 진실위원회, 검찰 등에 의해 기획되었는데, 유해 발굴을 적극적으로 주장한 유족회와

10 노용석 2012, 405-407쪽.

시민사회단체의 기능이 상대적으로 약하였다. 이러한 이유로 국가에서 주도적으로 이루어지는 유해 발굴은 상당한 기술적 결함을 포함하고 있다. 이러한 결함을 보완하고자 페루에는 EPAF(Eqipo Peruano de Antropología Forense)라는 전문 유해 발굴 기관이 조직되어 있으며, 이 기구는 비정부 민간단체의 성격을 가지고 있다.

### 4) 대규모 집단학살 유해 발굴의 특징

소개한 바와 같이 라틴아메리카에서의 유해 발굴은 세계 다른 국가 및 지역보다 더 활발하게 진행되고 있는 것이 사실이다. 하지만 총 희생자의 규모나 국가폭력의 광범위성을 고려한다면, 실재적으로 이루어지는 유해 발굴은 충분하다고 할 수 없다. 좀 더 큰 맥락에서 이러한 이유를 찾자면 라틴아메리카 과거사 청산의 불완전성에 기인하고 있다. 라틴아메리카는 그 어떤 대륙보다 과거사 청산이 많이 시도되었으며, 전 세계에서 가장 많은 진실위원회를 출범시켰다. 하지만 현실적으로 아직도 라틴아메리카 대부분 국가에서 청산되어야 할 가해자 집단은 권력의 최상위층에 자리 잡고 있으면서 다양한 방법을 동원해 과거사 청산을 막고 있다. 예를 들어 가해자들을 위한 사면법 등을 제정하여 기소 자체를 불가능하게 하거나 진실위원회 등의 기구를 무력화하는 경우가 많은 국가에서 확인되고 있다.

그런데도 유해 발굴이 다른 지역보다 더욱 활성화된 것은 유해 발굴을 전문적으로 실행하고 있는 비정부 민간단체의 활약이 있기에 가능한 것이다. 아르헨티나의 EAAF와 과테말라의 FAFG 등으로 대변되는 이 단체들은 법적, 제도적 과거사 청산의 부진에도 불구하고 피해자 단체(유족회 등) 등과 긴밀한 협조 속에 유해 발굴을 현재까지 진행해 오고 있다. 이것은 국가 차원의 지지부진한 과거사 청산을 시민사회의 이름으로 진행한다는 의의가 있고, 표면적으로 강력하게 드러나지는 않지만, 라틴아메리카 전체의 총체적 '권력'에 대항하는 일종의 '저항'으로 기능하고 있다. 사실 유해 발굴은 과거사 청산의 로드맵 가운데서 '화해와 위령' 단계로 인식될 가능성이 큰데, 라틴아메리카에서는 유해 발굴이 오히려 과거사 청산을 촉구하는 강력한 무기로 장착된 것이다.

또한, 라틴아메리카 유해 발굴은 과거사 청산에서 일국가적 한계를 뛰어넘는 새로운 시도를 하고 있다. 이때 새로운 시도라는 것은 라틴아메리카 전역에 산재해 있는 각종 유해 발굴 관련 '비정부 기구(non-governmental organization)'들이 실종자 유해 발굴을 시행하면서 한 국가의 과거사 청산만을 위해 매진하는 것이 아니라, 대륙 전체의 '보편적 폭력'의 청산에 대응하기 위해 연합하고 있다는 점이다. 이러한 경향성은 2000년대 이후 라틴아메리카에서 결성된 각종 유해 발굴 연합 기구를 살펴보면 잘 나타나 있다. LIID(The Latin American Initiative for the Identification of the Disappeared)와 ALAF(Latin American Forensic Anthropology Association)는 위 사례를 가장 잘 설명해 줄 수 있는 기관들이다.

LIID는 2007년 아르헨티나와 과테말라, 페루의 유해 발굴 기관이 연합하여 만든 조직으로서, 표면적 목적은 라틴아메리카 국가폭력에 의해 사망한 피해자 혹은 실종자들의 유해 발굴 과정에서 신원확인 가능성을 더욱 증가하는 것을 목표로 한 일종의 협력 기관이다. 또한, ALAF는 2003년 구성된 기관으로서, 위에서 언급한 3개 국가의 유해 발굴 기관 이외에 CAFCA(the Center of Forensic Analysis and Applied Sciences)와 ODHA(the Archbishop's Human Rights Office of Guatemala)가 결합하여 있다. 이 기관의 목표는 과거사 청산 과정에서 발생하는 사법영역에서 법의학적 증거들을 더욱 효과적으로 제시하기 위해 협력하는 것을 목적으로 하고 있다. 즉 라틴아메리카 전역에서 수집된 국가폭력 피해자들의 DNA가 라틴아메리카의 폭력 문제에 저항하기 위한 핵심적 무기로 사용되고 있다. 다음의 사례는 위와 같은 과정들이 어떻게 진행되고 있는가를 잘 보여 주고 있다.

> 2012년 12월 EAAF는 1976년 우루과이 해안가에 쓸려 내려온 시체의 신원이 칠레 혁명노동당(Revolutionary Workers Party)의 활동가였던 루이스 기예르모 베가 세바요스라고 밝혔다. 세바요스는 1976년 4월 9일 부에노스아이레스에서 그의 부인과 함께 구금된 후 실종되었다. 당시 구금된 세바요스의 부인은 임신 중이었으며, 군부는 아이를 출산한 후 부인을 살해했고, 새로 태어난 아이는 군부 혹은 경찰 가족에 의해 키워졌다. EAAF는 루이스 기예르모의 DNA와 지문 정보를 채취해 신원을 확인하였으며, 이후 2012년 최종적으로 그의 신원을 발표한 것이다.

이 사례는 라틴아메리카 국가폭력의 희생자가 어떻게 국가 간 경계를 넘어 존재하고 있으며, 이에 대한 사실 확인과 정의구현을 어떠한 방식으로 진행하고 있는 가에 대해 자세히 보여 주고 있다. 라틴아메리카의 많은 국가는 동시기에 발생하였던 포괄적 폭력체제를 청산하기 위해 무엇보다도 생물학적인 정보를 공유하고 있다. 이와 동시에 과테말라(FAFG)와 페루(EPAF)의 유해 발굴 기관은 법의학적 측면을 공유하면서 과거 폭력 시기의 상처를 치유하려 하고 있다. 마야와 께추아 원주민들[11]은 죽은 자가 생존자들의 카운슬러 혹은 가이드이며, 모든 죽은 이들은 적절한 매장 형식을 가져야 한다고 믿고 있다. FAFG와 EPAF에서 실시하는 희생자 신원

11 과테말라와 페루에는 각기 많은 마야 원주민과 께추아 원주민이 존재하고 있다. 이들은 모두 냉전 시기 국가폭력과 민간인 학살의 주요 대상이 되었던 바 있다.

확인 작업은 비정상적 죽음을 정상적으로 환원할 뿐만 아니라 유산과 사유재산, 그리고 보상과 연관된 수많은 문제에 도움을 줄 수 있을 것으로 보고 있다.

## 5. 소 결

일반적으로 라틴아메리카의 법의학적 기술은 타 대륙보다 정교하지 않을 것이라는 선입관을 가지고 있다. 하지만 의외로 라틴아메리카의 법의학은 단지 살인사건과 같은 범죄를 해결하는 데 사용하는 것이 아니라 근본적인 국가폭력의 상처를 치유하는 데 사용되고 있다. 또한, 광범위하게 진행되고 있는 유해 발굴은 한 사회 혹은 국가의 역사를 새롭게 규정하려는 일종의 '기억투쟁'의 훌륭한 도구로 인식되고 있다. 결국, 라틴아메리카 사회의 역사적 소통을 위한 과정에서 유해 발굴과 법의학이라는 요소가 사회적 실정과 적절하게 맞물려 있는 것이다. 단, 더욱 정교한 연구를 위해서는 사회의례적 측면에서 유해 발굴과 법의학적 논거들이 라틴아메리카의 문화 속에서 어떠한 근거를 갖는가에 대한 조사가 필요하다. 이 부분은 향후 라틴아메리카 주요 국가의 문화관습이 어떻게 정치적 관계 속에 융합되어 있는가를 통해 확인할 수 있을 것이다.

〈참고문헌〉


구경모·노용석, 「페르난도 루고 탄핵과 파라과이 이행기정의의 특수성」, 『민주주의와 인권』 12-3(전남대학교 5.18연구소, 2012).

김은중, 「스페인의 과거청산은 아직도 '망각협정'인가?」, 『민주주의와 인권』 6-1(전남대학교 5.18연구소, 2006).

노용석, 「라틴아메리카의 과거청산과 유해 발굴」-아르헨티나, 엘살바도르, 과테말라 사례를 중심으로-, 『이베로아메리카』 12-2(부산외국어대학교 중남미지역원, 2010).

______, 「엘살바도르 내전과 냉전의 상처」-엘모소떼 학살의 진실과 의미-, 『민주주의와 인권』 11-2(전남대학교 5.18연구소, 2011).

______, 「과테말라 시민사회의 과거청산 활동과 민주주의 발전」, 『스페인어문학』 63호(한국스페인어문학회, 2012).

______, 「'장의'에서 '사회적 기념'으로의 전환: 한국전쟁 민간인피학살자 유해 발굴의 역사와 특징」, 『역사와 경계』 95(부산경남사학회, 2015).

박구병, 「'눈까 마스'와 '침묵협정' 사이: 심판대에 선 아르헨티나 군부의 '더러운 전쟁'」, 『라틴아메리카연구』 18-2(한국라틴아메리카학회, 2005).

______, 「진실·화해 위원회 이후: 아르헨티나와 페루의 배·보상과 추모 정책」, 『이베로아메리카연구』 21-1(서울대 라틴아메리카연구소, 2010).

청와대 비서실, 『포괄적 과거청산대책 수립을 위한 정책연구』(2005).

Boccia & Palau & Salerno, 2008, *Paraguay: Los Archivos del Terror: Papeles que Resignificaron la Memoria del Stronismo,* Asunción: Servilibro.

CVJ, 2008, *Anive Haguã Oiko: Sintesis y Caracterización del Régimen Tomo* Ⅰ, *Asunción:* Servis,

____, 2008, *Anive Haguã Oiko: Tierra Mal Habidas Tomo* Ⅳ, *Asunción:* Servis.

EAAF, 2007, *2007 Annual Report*.

Esparza, Marcia, 2010, "Globalizing Latin American studies of atate violince and genocide", *State violence Genocide in Latin America -The Cold War Years,* New York: Routledge.

Fogel, Ramon, 2005a, "Efectos socioambientales del enclave sojero," en Fogel, Ramón y Marcial Riquelme, *Enclave sojero, merma de soberanía y pobreza,* Centro de Estudios Rurales Interdiscipinarios, pp.35-112.

Hayner, Priscilla B., 2002, *Unspeakable Truths: Facing the Challenge of Truth Commissions,* New York: Routledge.

Payne, Leigh, 2009, "The Justice Balance: When Transitional Justice Improves Human Rights and Democracy", 『세계 과거사청산의 흐름과 한국의 과거사정리 후속조치 방안 모색』, 진실화해를 위한 과거사정리위원회(Truth and Reconciliation Commission, Republic of Korea).

Shaw, Martin, 2003, *War & Genocide,* Cambridge: Polity Press.

# II

# 자유의 역설

1장

# 지구화 시대의 폭력과 인정이론적 폭력 개념

문성훈

지구화가 시작되면서 세계적 차원에서 발생하는 폭력의 양상이 달라지고 있다. 냉전 시대의 폭력이 이데올로기적 대립과 미소 진영의 헤게모니 전략에 기인한다면, 지구화 시대의 폭력은 탈 국경화 현상과 밀접한 연관성을 갖기 때문이다. 물론 문화적 대립이 이데올로기 대립을 대체할 것이라는 예측도 있지만, 문화적 차이가 대립의 직접적 원인인지, 아니면 또 다른 대립이 문화적 갈등을 조장하며 그 외피를 쓰고 나타나는 것인지는 논란의 여지가 크다.[1]

본 글에서는 지구화 시대에 양산되는 전형적인 폭력 현상이 무엇이며, 이를 해결하기 위한 대안이 무엇인지를 개념적 차원에서 논의할 것이다. 따라서 본 글의 핵심적 문제는 과연 폭력 현상을 어떻게 개념화할 때, 지구화 시대의 폭력이 갖는 핵심적 특징을 포착해 낼 뿐만 아니라, 그 해법마저 제시할 수 있겠는가 하는 점이다. 이러한 문제에 대한 본 글의 대답

1 예를 들어 하버마스는 헌팅턴이 말하는 '문명의 충돌' 시나리오가 서양의 물질적 이해관계를 은폐시키는 베일이 됨을 지적하고 있다. 지오반나 보라도리, 『테러시대의 철학: 하버마스, 데리다와의 대화』(문학과 지성사, 2004), 79쪽.

은 인정이론적 폭력 개념에 있다. 즉 인정과 무시의 연관성 속에서 폭력 현상을 이해할 때, 오늘날 점차 다양해지는 폭력 현상을 개념적으로 포괄할 수 있을 뿐만 아니라, 지구화 시대에 양산되는 폭력의 본질이 무엇이고, 그 해법 역시 포착해 낼 수 있다는 것이다.

본 글에서는 이러한 입장을 정당화하기 위해 세 가지 단계를 밟을 것이다. 첫째, 왜 폭력 현상을 인정과 무시의 관계 속에서 개념화할 수 있는지를 보여 주면서 폭력을 단지 신체에 대한 훼손 행위가 아니라, 개인의 정체성에 대한 훼손 현상으로 재규정할 것이다. 둘째, 지구화 시대의 특징을 인정질서의 구조변화라는 차원에서 분석할 것이다. 즉 국가 중심의 국제질서 하에서 개개인을 국적적 존재로 보는 세계적 차원의 인정질서가 탈국경화 추세에 조응하여 전 인류를 세계시민으로 인정하라는 새로운 인정요구에 직면하면서 구조변화의 기로에 서 있다는 것이다. 셋째, 이러한 인정질서 구조변화라는 틀 속에서 지구화 시대의 전형적 폭력을 불법체류자, 난민 등 '지구화의 타자에 대한 폭력'으로 파악하고, 이에 대한 해법으로 세계 시민권 보장을 제시할 것이다.

## 1. 폭력개념의 인정이론적 재구성: 신체 훼손에서 정체성 훼손으로

폭력의 사전적, 내지 법적 의미를 살펴보면 폭력은 일반적으로 개인이나 집단이 물리적 수단을 통해 타인의 신체를 훼손하는 행위를 말한다.[2] 그러나 이러한 물리적 폭력 개념으로는 오늘날 광범위하게 저질러지는

2 『표준국어대사전』, www.korean.go.kr(국립어학원); 『형법』, 260, 276, 283, 319, 366조 www.law.go.kr(법제처 국가법령정보센터).

다양한 폭력현상을 포괄하기 어렵다. 왜냐하면, 오늘날 사람들은 타인의 신체에 대한 훼손행위만이 아니라, 타인을 모욕하거나 무시하는 언어적 행위, 국민의 기본권을 무시하는 국가 정책 역시 폭력으로 보고 있으며,[3] 폭력에 대한 이론적 논의를 살펴보더라도 특정한 사회구조나 문화 역시 폭력 범주에 포함하는가 하면, 개인의 신체만이 아니라, 개인의 자아정체성에 대한 훼손 역시 폭력 현상에 포함하는 등 폭력이란 용어를 광범위하게 사용하고 있기 때문이다.

예를 들어 평화학의 창시자로 알려진 노르웨이 사회학자 요한 갈퉁은 폭력을 인간 욕구의 실현 가능성을 제한하거나 방해하는 외적 영향력으로 규정하면서 이를 개인적 폭력, 구조적 폭력, 문화적 폭력으로 구별하고 있다.[4] 이런 점에서 갈퉁은 폭력의 대상을 신체에서 삶의 조건으로까지 확대하고 있을 뿐만 아니라, 폭력의 주체 역시 개인이나 집단에서 사회 구조와 문화로까지 확대하고 있다. 이에 비해 많은 철학자는 타인이나 사물을 주관적으로 규정하는 행위를 폭력으로 봄으로써 폭력의 대상을 신체에 국한하는 것이 아니라, 개인의 주체성이나 자기의식 등 정체성 차원으로 확대하고 있다. 즉, 사르트르는 한 인간이 타인을 자신의 의미구성 대상으로 객체화시킴으로써 이 사람 역시 의미구성 주체임을 부정하는 행위를 폭력으로 본다.[5] 그리고 테오도르 아도르노는 비개념적인 것을 개념화시키고, 비동일적인 것을 동일화시키는 개념적 규정을 일종의 폭력으로 간주하고 있으며,[6] 자크 데리다 역시 이와 유사하게 개별적 대상들을

3 2009년 서울여자대학교 재학생을 대상으로 실시한 설문조사. 이에 대해서는: 문성훈, 「폭력 개념의 인정이론적 재구성」, 『사회와 철학』 20(2010).

4 Johann Galtung, *Strukturelle Gewalt,* Hamburg 1975, I장.

5 장 폴 사르트르, 『존재와 무』(동서문화사, 2009), 3부.

6 테오도르 아도르노, 『부정의 변증법』(한길사, 1999), 서론, 2부.

재현하는 언어기호와 실제 대상 사이에 늘 차이가 존재한다는 점에서 필연적으로 잔여 부분을 만들어 내는 언어적 재현 자체를 폭력으로 본다.[7] 또한, 아마르티아 센은 개인을 하나의 정체성만으로 분류함으로써 여타의 정체성을 부정하고 이를 적대시하는 행위 역시 폭력으로 본다.[8] 이런 점에서 철학에서 발견할 수 있는 폭력 현상은 신체에 대한 물리적 훼손 행위가 아니라, 타인의 정체성을 왜곡하거나 훼손하는 행위를 말하며, 오히려 물리적 폭력은 이러한 폭력이 야기하는 결과가 된다.

그렇다면 왜 이렇게 폭력의 주체와 대상의 범위를 확대할 수 있을까? 나는 이를 설명하기 위해서는 폭력의 결과를 단지 신체적 훼손이나 고통이 아니라, 심리적 훼손이나 고통으로 확대하는 것이 필요하다고 본다. 사람들은 흔히 물리적 폭력이 신체를 훼손시킴으로써 신체적 고통을 야기한다고 생각한다. 그렇다면 사고로 인한 신체적 고통과 폭력으로 인한 신체적 고통 사이에는 어떤 차이가 있는 것일까? 이 둘은 단지 신체적 고통이란 점에서 동일한 것일까? 사고로 인한 신체적 고통과 폭력으로 인한 신체적 고통 사이에 차이가 존재한다면, 이는 폭력으로 인한 신체적 고통에는 도덕적 울분에 기인한 심리적 고통이 동반되기 때문이다.

사실 이런 점은 폭력 사례에 관한 어떠한 연구라도 한번쯤 살펴본 사람이라면 별다른 노력 없이도 쉽게 알 수 있다. 즉, 폭력 피해자들이 겪는 고통이 신체적 고통이라기보다 흔히 '외상 후 스트레스 장애(PTSD)'로 규정되는 심리적 고통이라는 점은 이미 상식화되어 있다는 것이다.[9] 현상적

7 자크 데리다, 『그라마톨로지』(민음사, 2010), 2부 1장.

8 아마르티아 센, 『정체성과 폭력』(바이북스, 2009), 1장.

9 변은주, 「폭력피해 여성들의 심리적 후유증과 치유」, 『여성연구논집』 25(2014), 신라대학교 여성문제연구소; 송동호 외, 「학교폭력 피해 청소년의 정신의학적 후유증에 관한 사례 연구」, 『소아 청소년정신의학』 8/2(1997).

으로 볼 때 폭력피해자들은 폭력 상황에 대한 반복적 기억 때문에 고통스러워하고, 불안과 우울증에 시달리는가 하면, 대인 관계 기피 등의 증상을 보이지만 이 모든 증상의 근저에는 폭력가해자와 폭력을 막지 못한 자신의 무력함에 대한 분노가 깔려 있다. 그리고 이는 결국 자신에 대한 낮은 자존감이나 부정적 자아관 등으로 이어지면서 긍정적 자기의식을 파괴하게 된다. 이런 점에서 폭력피해자가 겪는 고통은 사실 부정적 자기의식으로 인한 심리적 고통이라 할 수 있으며, 역으로 폭력가해자가 폭력을 통해 훼손한 것은 단지 신체만이 아니라, 폭력대상자가 갖고 있던 긍정적 자기의식이라고 할 수 있다. 즉, 피해자에게 폭력은 자신의 신체가 아무런 보호 없이 타인의 의지에 일방적으로 내맡겨져 버리는 체험이며, 이를 통해 해당 당사자는 사회화 과정을 통해 획득한 자기 신체의 불가침성에 대한 의식, 그리고 이에 대한 자주적 사용 권한에 대한 의식이 부정됨을 경험할 뿐만 아니라, 이를 존중받고자 하는 일반적 기대 역시 부정됨을 경험하게 된다는 것이다.[10] 그리고 그 결과가 바로 부정적 자기의식이다.

이렇게 물리적 폭력을 통해 훼손된 것을 신체가 아니라, 보다 근본적 차원에서 긍정적 자기의식이라고 본다면, 오늘날 광범위하게 펴지고 있는 다양한 폭력 현상을 포괄할 수 있는 새로운 개념화 가능성이 열린다. 왜냐하면, 이제 우리는 더욱 광범위한 차원에서 개인의 긍정적 자기의식에 대한 훼손 행위를 폭력 개념으로 포섭해 낼 수 있기 때문이다. 이런 맥락에서 인정이론이 유용한 개념 틀을 제공할 수 있다면, 그것은 인정이론이 인정과 무시라는 개념 쌍을 통해 긍정적 자기의식의 조건과 이에 대한 훼손 현상을 포섭해 내고 있을 뿐만 아니라, 개인의 자기의식 차원을 다층적으로 보여 줌으로써 오늘날 점차 다양화되고 있는 폭력 현상과 이에 대한 대

10 악셀 호네트, 『인정투쟁』(사월의 책, 2011), 252-253쪽.

안을 개념적으로 통합할 수 있게 하기 때문이다.[11]

첫째, 인정이론은 인간의 자기의식 차원을 욕구, 이성, 개성이라는 세 가지 차원으로 구분하고, 이에 대한 인정을 사랑, 권리부여, 연대로 규정하고 있으며, 이를 통해 형성되는 긍정적 자기의식의 유형을 자신감, 자존감, 자긍심으로 구분하고 있다. 따라서 이를 근거로 폭력 개념을 재규정한다면, 이제 폭력이란 자신감, 자존감, 자긍심에 대한 훼손행위로서 폭행, 권리 부정, 공동체에서의 배제 등을 포괄하게 된다. 그리고 이렇게 폭력 현상을 무시 현상으로 파악할 경우 폭력의 주체 역시 개인으로 한정되지 않는다. 물론 폭행은 대개 개인이나 집단이 자행하는 물리적 폭력을 의미하지만, 권리 부정이나 공동체에서의 배제는 사회구조나 문화를 통해서도 자행되기 때문이다.

둘째, 인정이론은 폭력에 대한 대안으로서 비폭력 상태가 무엇인지를 보여 준다. 왜냐하면, 폭력이 긍정적 자기의식에 대한 훼손이라면, 역으로 비폭력 상태란 긍정적 자기의식을 가능하게 하는 상태로서 이는 근본적으로 인정이론이 말하는 사랑, 권리부여, 연대를 통해 이루어지기 때문이다. 또한, 이 세 가지 인정을 통해 형성된 인간관계를 말한다면, 인정이론은 많은 철학자가 지적한 타인의 정체성 훼손에 대한 대안적 인간관계를 제시한다고 할 수 있다. 앞서 지적했듯이 타인의 정체성 훼손은 주관적 개념이나 의미부여를 통해 타인의 정체성을 언어적으로 규정할 경우 발생하며, 이때 타인은 전적으로 인식의 대상에 불과하다. 따라서 여기서 주체와 타인의 관계는 전적으로 주체-객체 관계로 환원되지만, 인정관계 속에서는 나와 타인 모두 주체가 되는 주체-주체 관계가 형성된다. 즉, 인정이

11 인정이론적 폭력 개념에 대해서는 이미 다음의 글에서 상술한 바 있다: 문성훈, 「폭력 개념의 인정이론적 재구성」, 『사회와 철학』 20집(2010).

란 상호적으로 볼 때 타인의 시각을 통해 자기 자신을 반성함으로써 타인이 내 안에서 바로 그로 존재함으로 말하며, 이런 점에서 상호인정을 통해 형성되는 인간관계란 나 자신은 여전히 반성적 주체이지만, 반성의 기준이 타인이라는 점에서 타인 역시 주체가 되는 상호주관적 관계를 말한다.

셋째, 인정이론은 폭력비판을 정당화할 수 있는 규범적 토대를 제공한다. 즉 인정이론이 전제하듯이 도덕이 개인의 삶의 보호 장치이라면, 인정이란 타인의 긍정적 자기의식을 가능하게 하고, 결국에서는 이를 통해 적극적 자아실현을 가능하게 한다는 점에서 타인을 인정한다는 것은 도덕적 정당성을 가진다. 그러나 반대로 타인의 긍정적 자기의식을 훼손하는 현상, 즉 폭력은 결국 이를 통해 적극적 자아실현을 불가능하게 한다는 점에서 도덕적으로 부당하다는 것이다. 물론 폭력의 도덕적 부당함에 대한 비판은 이렇듯 특정한 도덕적 입장을 전제할 때만 가능한 것은 아니다. 폭력의 피해자들이 겪는 울분 역시 비록 전(前) 반성적 차원이지만 불의의 감정이라 할 수 있기 때문이다. 즉, 폭력피해자들에게 긍정적 자기의식의 파괴, 혹은 부정적 자기의식을 낳는 것은 앞서 지적했듯이 가해자와 자신에 대한 분노이다. 그런데 이 분노란 사실 단지 화가 치미는 감정 상태만을 의미하는 것은 아니다. 왜냐하면, 이러한 분노에는 비록 의식적인 것은 아니지만 일종의 도덕적 부당한, 내지 억울하다는 감정이 개입되어 있기 때문이다. 즉, 폭력 가해자에게 갖는 분노는 뭔가 억울하다는 감정의 표현이며, 자기 자신에 대한 분노 역시 비록 역설적이지만 부당한 폭력의 책임을 자신의 부당함으로 전이시킨 감정적 결과라는 것이다. 이런 점에서 나는 폭력피해자가 겪는 분노를 일종의 울분이라는 도덕적 감정으로 해석할 수 있다고 본다.

## 2. 지구화 시대의 인정질서 구조변화

이렇게 인정이론적으로 재구성된 폭력 개념을 전제한다면, 다양한 형태의 폭력 현상을 개념적으로 포괄할 수 있으며, 다른 한편에서는 지구화 시대의 발생하는 전형적인 폭력이 무엇인지를 규정할 수 있다. 왜냐하면, 인정이론은 인정과 무시라는 개념 틀을 통해 전 지구적 차원의 세계질서를 파악하는 새로운 접근법을 제시하기 때문이다.[12] 사실, 인정과 무시란 개인에 따라 차이를 보이는 자의적인 행위라기보다는 사회적으로 공유된 기준에 따라 행해지는 일반적 현상이며, 따라서 한 사회는 인정질서라는 차원에서 파악될 수 있다. 그리고 이를 전 지구적으로 확대한다면 우리는 세계적 차원의 인정질서에 관해 이야기할 수 있으며, 이를 통해 지구화 시대에 개인의 자기의식을 훼손하는 전형적인 폭력이 무엇인지를 규정할 수 있다.

우선 세계화란 개별국가의 경계가 약화되면서 전 세계적 차원에서 경제적, 정치적, 문화적 영역이 하나의 통합된 네트워크를 형성하는 현상을 말한다. 이런 점에서 세계화는 흔히 개별 국가들이 가진 근대적 주권과 이에 기초한 세계질서의 약화로 이해된다. 이미 상식화되었듯이 근대적 의미에서의 주권이란 근대 국가가 보유하고 있는 불가침의 배타적 지배권을 의미하며, 이는 정치적으로 한 국가의 법적 질서에 정당성을 부여하며, 경제적으로는 대외적 자율성을 그리고 문화적으로는 대내적 동질성을 확립하게 된다. 그리고 이러한 근대 주권국가를 토대로 형성된 세계질서는 흔히 국가 간의 관계를 말하는 '국제질서'로 설명된다. 왜냐하면, 세계질

12 지구화 시대의 인정질서 구조변화에 대해서는 이미 다음의 글에서 상술한 바 있다: 문성훈, 『인정의 시대』(사월의 책, 2014년), 8장 1-2절.

서의 구성단위이자 행위주체는 바로 자국의 이익을 추구하는 개별적 주권국가이기 때문이다. 이런 점에서 세계질서란 개별 국가들이 주체가 되어 자국의 이익을 위해 서로 갈등하거나 협력하면서, 혹은 개별국가들이 세력균형을 이루거나 국제기구나 제도를 통해 서로가 서로를 통제함으로써 이루어진 국가 간의 질서를 의미한다.

그러나 이렇게 주권에 기초한 근대적 국민국가는 지구화가 진행되면서 초국적 기업, 글로벌 거버넌스, 국경 없는 가상공간의 출현으로 경제적 자율성, 정치적 정당성, 문화적 정체성을 훼손당하고 있다. 더구나 이러한 지구화 과정은 평화롭고 순탄한 과정이 아니다. 지구화로 인한 근대적 국민국가의 무력화는 전 세계적 차원에서 분배 정의, 민주주의, 문화적 정체성을 둘러싼 새로운 갈등을 야기하고 있기 때문이다. 그리고 이러한 갈등은 1999년 시애틀 전투에서 시작된 반세계화 운동이나, 2001년부터 형성된 세계사회포럼에서 확인할 수 있듯이 초국적 기업, 국제적 재정기구, 신자유주의 국가들이 주축이 된 글로벌 거버넌스에 대한 저항과 다보스 포럼과 같이 신자유주의적 엘리트 그룹이 행사하는 문화적 헤게모니에 대한 저항이라는 이중 전선을 형성하고 있다.

그러나 이러한 저항이 비록 근대적 국민국가의 무력화를 통해 야기된 것이라 하더라도 그 목표가 근대적 국민국가의 복원에 있는 것은 아니다. 왜냐하면, 지구화에 대한 저항이 목표로 삼는 것은 오히려 신자유주의적 세계화에 대한 대안적 세계화에 있기 때문이다. 그렇다면 대안적 세계화란 과연 무엇을 의미할까? 물론 반세계화운동이 신자유주의적 세계화에 반대한다는 것 이외에는 저항의 주체나 투쟁 방식, 그리고 목표 설정에서도 다양한 편차를 보인다는 점에서 이들이 공유하고 있는 대안적 세계화를 말하기는 어렵다. 그러나 신자유주의적 세계화에 대한 비판과 대안 모색을 위한 초국적 공론장으로 등장한 세계사회포럼의 헌장은 비록 느슨한 형태이기는 하지만, 최소한의 합의점이 무엇인가를 확인할 수 있게 한다. 즉, 이에 따르면 반세계화운동은, "신자유주의적 세계화를 추진하는 글로벌 거버넌스에 대한 비폭력적 저항을 통해 전 인류의 보편적 권리를 보장하는 세계공동체 형성"을 지향한다.[13]

이렇게 볼 때 반세계화운동이 지구화된 자본주의 자체에 대한 어떤 대안적 질서를 목표로 하는지는 확인할 수 없지만, 그 어떤 질서라 하더라도 세계적 차원에서 전 인류의 보편적 권리를 보장할 것을 최소 원칙으로 삼고 있음은 알 수 있다. 그리고 이러한 상황은 대안 세계화에 대한 다양한 이론적 논의를 살펴보더라도 쉽게 확인할 수 있다. 예를 들어 네그리와 하트는 오늘날 지구화된 세계를 초국적 기업, 주권국가, NGO 등 다양한 권력이 뒤섞여 만든 탈중심적이고 탈영토적인 지배 장치인 '제국'이란 개념을 통해 파악하면서, 전 지구적 차원에서 자유로운 이주와 완전한 시민권 보장을 요구하고 있으며,[14] 리처드 폴크는 오늘날 세계질서를 국가 간의 관계를 규율하는 '국제법'과 전 인류적 차원의 권리를 의미하는 '인류법'이라는 이원적 구조로 설명하면서 이른바 세계시민사회를 통한 인류법의 확장과 제도화를 주장한다.[15] 이뿐만 아니라 헬드의 '세계시민적 민주주의'는 세계적 차원에서의 보편적 참정권을 전제한 것이며,[16] 하버마스의 '세계정부 없는 세계 내 정치' 역시 집회, 시위, 사상, 표현의 자유 등 세

13 앞의 글, 438쪽.

14 안토니오 네그리/마이클 하트, 『제국』(이학사, 2001).

15 Richard Falk, "Sie Weltodrnung innerhalb der Grenzen von zwischenstaatlichen Recht und dem Recht der Menschheit," in: Mathias Lutz Bachman/James Bohman, *Frieden durch Recht,* Ffm. 1996.

16 David Held, "Kosmopolitanische Demokratie und Wltordnung. Eine neue Tagesordnung," in: Mathias Lutz Bachmann/James Bohman, *Frieden durch Recht,* Ffm. 1996.

계적 차원에서의 시민적 권리 없이는 불가능한 것이다.[17] 마찬가지로 지구적 차원에서 롤즈 식의 분배 정의 실현을 주장하는 베이츠의 '지구적 분배 원칙'은 지구적 차원에서 사회복지를 인류의 보편적 권리로 확장하려는 시도이며,[18] 킴리카가 문화적 소수자 집단을 보호하기 위해 주장한 자치권, 다인종문화권, 특별대표권 등 '집단 차별적 권리'는 비록 세계적 차원에서의 보편적 권리를 말한 것은 아니지만, 지구화로 인한 문화적 갈등을 해결하기 위해 어떤 권리가 보장되어야 하는지를 암시하고 있다.[19]

이를 종합해 본다면 오늘날 지구화된 세계는 두 가지 축으로 설명될 수 있다. 즉 한편에서는 초국적 기업, 신자유주의 정부, 국제 재정기구, 국제적 친자본주의 세력이 전 세계를 경제적, 정치적, 문화적으로 통합하면서 지구적 차원의 헤게모니를 강화하고 있다면, 다른 한편으로는 세계화에 반대하는 초국적 조직이나 집단들이 지구적 차원에서 대항적 시민사회를 형성하면서 세계적 차원에서의 보편적 권리, 즉 세계시민권을 요구하고 있다는 것이다. 이러한 두 가지 축을 인정이론적으로 해석한다면, 이는 오늘날 세계가 개개인을 국적적 존재로 인정하는 국제적 인정질서에서 개개인을 세계시민으로 인정하는 지구적 인정질서로 이행하는 인정질서 구조변화를 겪고 있음을 말해 준다.

사실 국가 중심의 국제질서에서 개별 국가들이 서로 갈등하고 협력한다는 것은 개별 국가의 구성원들이 국적적 존재로서 서로 협력하거나 경쟁한다는 것을 의미하며, 개개인의 지위란 바로 국적에 의해 결정된다는 점에서 국가 간 질서로서의 국제질서는 '국적적 인정질서'를 전제한다고

17 Jurgen Habermas, "Die postnatinale Konstellation und die Zukunft der Demokratie," in: ders., *Die postnationale Konstellation,* Ffm. 1998.

18 장동진, 「롤즈의 국제사회 정의관」, 『국제정치논총』 41집 4호(2001), 한국국제정치학회.

19 윌 킴리카, 『다문화주의 시민권』(동명사, 2010).

말할 수 있다. 이에 반해 세계시민권이란 국적과 무관하게 모든 인류에게 부과되는 인류의 보편적 권리라는 점에서 개개인의 지위는 더는 국적적 존재로 한정되지 않는다. 따라서 세계시민권이 강화된다면 이는 개개인이 세계시민이라는 새로운 지위를 획득함을 의미하며, 이런 점에서 전 세계가 국경을 넘어 하나의 통합된 네트워크를 형성하는 지구화 시대는 세계시민적 인정질서라는 새로운 인정질서로 이행하게 된다.

그러나 지금처럼 지구적 차원에서 이루어지는 인정질서 구조변화가 지체되면 비록 국적적 인정질서에서는 벗어났지만, 아직 세계시민적 인정질서에는 포함되지 않은 인정의 사각지대가 등장하게 된다. 사실 지구화는 국경의 경계를 넘어 전 세계를 하나의 통합된 네트워크로 재구성하려고 있지만, 그것은 자본과 상품의 이동을 통한 지구화일 뿐 인간의 이동에는 여전히 국경이 존재한다. 이런 점에서 자본과 상품의 지구화는 가속화되고 있지만, 국적 중심의 인정질서가 상존하는 기이한 상황이 벌어진다. 그리고 이런 점에서 국경 없이 전 세계로 이동하려는 지구화된 개인 중에는 이동 지역의 국적을 획득하지도 못하고, 그렇다고 세계시민으로서 권리도 보장받지 못한, 그리고 바로 이 때문에 지구화된 세계적 질서에 통합되지 못한 '지구화의 타자'가 발생한다.

## 3. 지구화 시대의 폭력과 대안

지구화 시대에 등장하는 전형적인 폭력은 과연 어떤 것일까? 더구나 최근 지구화 시대를 세계적 차원의 인정질서가 '국적적 인정질서'에서 '세계시민적 인정질서'로 이행하는 구조 변화의 시기로 파악한다면, 지구화 시대의 전형적 폭력은 과연 누구에 대한 것일까? 1에서 상술했듯이 폭력 개념을 인정이론적으로 재구성한다면, 이제 폭력이란 단지 신체에 대한 훼손 행위가 아니라 개인의 정체성에 대한 훼손현상으로 확장된다. 따라서 지구화 시대에 등장할 수밖에 없는, 또는 지구화 시대에만 등장한 폭력이란 다름 아닌 세계시민으로서의 정체성에 대한 훼손현상이라 할 수 있다. 왜냐하면, 세계시민이라는 정체성은 지구화 시대에만 등장할 수 있는 지구화 시대의 고유한 산물이기 때문이다.

물론 인정이론을 따를 때 세계시민이라는 새로운 정체성에 대한 훼손현상은 폭행, 권리부정, 배제 등 다양한 방식으로 표출될 것이다. 그리고 이러한 폭력은 국적적 인정질서와 세계시민적 인정질서 간의 모순이 크면 클수록 더욱더 극단화될 것이다. 국적적 인정질서를 유지하려는 사람들은 이러한 모순을 폭력을 통해 무마시킬 수밖에 없기 때문이며, 역으로 세계시민적 인정에 대한 요구가 크면 클수록 이를 억압하는 국적적 인정질서는 더욱더 폭력으로 인식될 수밖에 없기 때문이다.

그렇다면 이러한 지구화 시대의 폭력이 자행되는 전형적인 대상은 누구일까? 세계시민으로서의 정체성이 다름 아닌 세계시민적 인정질서를 통해 보장되는 것이라면, 폭력의 전형적인 대상이란 다름 아닌 세계시민적 인정이 필요함에도 이를 보장받지 못하는 사람들, 즉 난민, 밀입국자, 불법체류자 등 이른바 지구화의 타자들이다. 세계시민으로서의 인정이 없다면 이들은 아감벤이 말하는 '호모 사케르'처럼 국적적 인정질서 하에서 아무런 법적 지위도 갖지 못하며, 이런 점에서 법적 질서 자체에서 배제된다.[20] 단적으로 말해서 이들은 합법적으로 들어오지 않았기 때문에 법적 차원에서 내국인도 아니고, 그렇다고 외국인도 아니다. 바로 이런 이

20 조르조 아감벤, 『호모 사케르』(새물결, 2008).

유에서 지구화의 타자는 분명 존재함에도 존재하지 않는 사람, 즉 무시의 대상이 된다. 한국의 사례를 보더라도 이러한 무시는 다양한 방식으로 표출된다. 즉, 지구화의 타자들은 한편으로 불법적 신분 때문에 빈번한 폭행의 대상이 된다. 이들은 일을 하더라도 노동자로서의 법적 권리를 보장받지 못한다. 그리고 이들은 한국 사회에서 실질적으로 살고 있음에도 불구하고 한국인의 유대 관계에서는 전적으로 배제된다.

그런데 이러한 지구화의 타자만이 아니라, 합법적으로 이주해 온 사람들의 경우에도 사정은 그렇게 다르지 않다. 다문화 가정에서 자행되는 폭행이나, 외국인 노동자의 사업장 이동을 3회로 제한함으로써 노동기본권을 침해한 것이나, 이들의 고립된 삶은 이를 웅변적으로 보여 주고 있기 때문이다. 한국 사람들은 이들이 한국인의 혈연적 순수성을 훼손할 것으로 생각하는가 하면, 이들을 범죄인 취급하거나 가난한 나라에서 온 불쌍한 사람 취급하기가 일쑤이다. 이런 점에서 지구화의 타자는 단지 난민, 밀입국자, 불법체류자 등으로 한정되지 않고, 영주권이나 국적 획득과 상관없이 이주 지역에서 이주민이란 이유로 폭행, 권리부정, 연대에서의 배제 등 무시 받는 사람들로 확장된다. 왜냐하면, 공통적으로 이들은 이주 지역에서 내국인과 같은 국민으로서의 인정을 향유하지도 못하고, 그렇다고 세계시민으로서의 정체성을 인정받은 것도 아니기 때문이다.

그렇다면 이들에게 자행되는 폭력을 막기 위해서는 무엇이 필요할까? 새로운 국적 취득을 확대하는 것이 필요할까, 아니면 세계시민으로 인정하는 것이 필요할까? 다시 말해 지구화의 타자를 나와 같은 나라의 국민으로 인정하는 것이 필요할까? 아니면 나 역시 세계시민이라는 새로운 자기의식 속에서 그들 역시 세계시민으로 인정하는 것이 필요할까? 물론 전자는 국적적 인정질서를 강화시킬 것이고, 후자는 세계시민적 인정질서라는 새로운 인정질서를 확장할 것이다. 그러나 사실 중요한 것은 개별국가가 어느 정도로 국적과 관계없는 세계시민으로서 권리를 보장하는가 하는 점이다. 그것은 세계시민권의 수준이 내국인이 향유하는 권리와 별반 차이가 없다면 사실상 국적은 별다른 중요성을 갖지 못하기 때문이다. 그러나 반대로 국적 취득이 확대됨으로써 이주민이 새로운 국적을 갖는 것이 용이해진다면 마찬가지로 국적의 의미는 약화된다.

그렇다면 현재 상황에서 과연 세계시민권이란 것이 존재하기나 한 것일까? 그리고 존재한다면 그 수준은 어느 정도일까?[21] 2006년 4월 미국에서 벌어진 불법이주자 집회는 이런 문제에 대해 시사하는 바가 크다. 이들은 앞서 지적했듯이 지구화의 타자인 불법이주자이다. 따라서 이들은 미국 내에서 아무런 법적 지위를 갖고 있지 못하며, 오히려 추방되어야 할 사람들이다. 그러나 강제추방도 없었고, 시위 진압도 없었다. 이들은 아무런 법적 지위를 갖고 있지 않은 법적 질서 외부의 존재라는 점에서 아무런 법적 행위의 대상도 되지 못한 것일까? 아니면 이들은 비록 암묵적이지만 국적과 무관하게 이들의 존재에 대한 어떤 인정을 받은 것일까? 한국의 경우를 보더라도 불법체류자가 아무런 권리도 보장받지 못하는 것은 아니다. 불법체류자라는 신분적 약점 때문에 범죄 피해의 대상이 되는 것을 막기 위해 '불법체류자 통보의무 면제제도'가 시행되고 있다. 이는 이들을 형법상 살인, 상해·폭행죄, 강간, 강제추행, 강도, 절도 등으로부터 보호하기 위한 것으로 비록 소극적 차원이지만 불법체류자들의 생명과 재산에 관한 권리를 보장한 것이나 마찬가지이다.

약 200년 전 역사철학적 사변의 수준이지만 세계시민사회이념을 최초

21 세계시민권에 대해서는 이미 다음의 글에서 상술한 바 있다: 문성훈, 『인정의 시대』(사월의 책, 2014), 8장 3절.

로 제시한 칸트가 생각했던 세계시민권이란 타국을 방문할 권리나 타국에서 적대적 대우를 받지 않는 권리 정도였다. 이에 비해 '유럽인권협약'은 비록 유럽 내부로 한정되어 있지만, 국적과 관계없이 모든 사람에게 일정한 권리를 부여하고 있다는 점에서 이는 일종의 세계시민권을 보장한 것이라 할 수 있다. 이에 따르면 유럽에 거주하는 사람은 국적 유무와 관계없이 생명권, 사상·양심·종교의 자유, 표현의 자유, 집회 및 결사의 자유 등 자유권적 기본권을 보장받는다. 마셜이 구별한 자유권적 기본권, 참정권적 기본권, 사회권적 기본권이라는 권리의 발전 역사를 전제한다면 이런 수준의 세계시민권이란 너무나 초보적인 권리에 불과하다. 그러나 자유권적 기본권이 실질적으로 보장되려면 참정의 권리가 있어야 하고, 또한 참정의 권리가 실질적으로 보장되기 위해서는 사회복지의 권리가 필요하다면 현재 수준의 세계시민권은 이러한 권리 확대의 과정을 밟기 위한 첫 단계라 할 수 있다. 그리고 실제로 비록 영주권자에게 한정된 것이지만 외국인에게도 내국인과 마찬가지로 사회복지권을 부여하는 나라도 있고, 참정권 역시 지방선거에 한정된 것이지만 이를 보장하는 나라들도 있다.

마지막으로 이러한 세계시민권 보장과 관련하여 인정이론이 제시하는 방안이 있다면 그것은 바로 인정투쟁이다. 국적과 무관하게 세계시민으로 인정받기 위해 지구화의 타자들이 감행하는 인정투쟁. 이러한 인정투쟁을 뒷받침하고 이를 제도화하기 위해 개별국가에 영향력을 발휘하는 세계시민적 공론장. 그리고 결국 이를 통해 국적중심의 개별국가들이 세계시민적 시각을 가진 '세계시민적 국가'로 탈바꿈한다면,[22] 세계시민권 보장은 칸트가 그랬듯이 역사철학적 사변을 통해서 요구되는 것이 아니

22 울리히 벡, 『세계화 시대의 권력과 대항권력』(길, 2011), 1장.

라, 지구화로 인한 인정질서 구조변화의 필연적 산물이 될 것이다.

## 4. 나가는 말

지구화 시대라는 상황은 새로운 세계질서를 형성하는 시기라는 점에서 법제정적 폭력이 발휘되는 시기라고 할 수 있다. 법제정적 폭력은 발터 벤야민이 전쟁이란 사례를 통해 설명하듯,[23] 법질서 이전에 확보한 무법적 권력을 안정화시킬 수 있는 제도적 장치를 만들려고 한다는 점에서 가장 잔인한 폭력이 될 것이다. 물론 이미 만들어 놓은 제도적 장치 하에서는 지구화의 이탈자를 막기 위해 법유지적 폭력 역시 행사될 것이다. 이 폭력은 물론 지구적 차원에서 헤게모니를 장악하려는 초국적 기업, 신자유주의 정부, 국제적 재정기구 등을 통해 발휘될지 모른다. 그러나 지구화 시대에 폭력을 행사하는 사람들은 이들로 한정되지 않는다. 지구화 시대의 폭력을 세계시민적 정체성에 대한 훼손으로 이해한다면, 이를 인정하지 않는 사람 모두는 잠재적 폭력의 주체가 될 수 있기 때문이다. 따라서 지구화 시대의 폭력은 세계시민적 의식을 받아들이지 않는 모든 사람에 의해 자행될 수 있는 폭력이다. 지구화로 인해 일자리를 잃거나 일자리 경쟁에 빠진 선진국 노동자들이 여전히 국적적 자기의식에 갇혀 있다면, 마찬가지로 초국적 기업의 자본을 유치하려는 개발도상국 국민도 복지 삭감과 저임금에 대한 분노 때문에 스스로 국적적 존재로서의 자기의식을 강화하려 한다면 이들도 지구화 시대의 폭력을 행사할 수 있다. 어느 누구에

23 발터 벤야민, 『역사의 개념에 대하여/폭력 비판을 위하여/초현실주의 외』(길, 2008년), 89-90쪽.

의해 자행되든 이 모든 폭력에서 벗어나는 길은 무엇일까? 그것은 법제정적이든, 법유지적이든 국적의 구별에 기초한 폭력이 얼마나 인위적이고, 자의적인 것인가를 폭로할 뿐만 아니라, 이를 무력화시킬 수 있는 세계시민적 인정투쟁에 있다. 혹시 벤야민의 개념을 빌린다면, 이는 신적 폭력일 수 있다. 모든 인간에게 국적과 무관하게 동등한 권리를 부여한다는 것은 이제 인간이 인위적으로 만들어낸 최종적 구별을 넘어서 신 앞으로 나아가는 길이기 때문이다. 유한한 인간은 서로서로를 구별하지만, 무한한 신 앞에서 인간은 다 같은 인간일 뿐이다.

〈참고문헌〉


네그리, 안토니오/마이클 하트, 『제국』(이학사, 2001).

데리다, 자크, 『그라마톨로지』(민음사, 2010).

문성훈, 「폭력 개념의 인정이론적 재구성」, 『사회와 철학』 20(2010).

문성훈, 『인정의 시대』(사월의 책, 2014).

벡, 울리히, 『세계화 시대의 권력과 대항권력』(길, 2011).

벤야민, 발터, 『역사의 개념에 대하여/폭력 비판을 위하여/초현실주의 외』(길, 2008년).

변은주, 「폭력피해 여성들의 심리적 후유증과 치유」, 『여성연구논집』 25(신라대학교 여성문제연구소, 2014).

보라도리, 지오반나, 『테러시대의 철학: 하버마스, 데리다와의 대화』(문학과 지성사, 2004).

사르트르, 장 폴, 『존재와 무』(동서문화사, 2009).

센, 아마르티아, 『정체성과 폭력』(바이북스, 2009)

송동호 외, 「학교폭력 피해 청소년의 정신의학적 후유증에 관한 사례 연구」, 『소아 청소년정신의학』 8/2 (1997).

아감벤, 조르조, 『호모 사케르』(새물결, 2008).

아도르노, 테오도르, 『부정의 변증법』(한길사, 1999).

장동진, 「롤즈의 국제사회 정의관」, 『국제정치논총』 41집 4호(한국국제정치학회, 2001).

킴리카, 윌, 『다문화주의 시민권』(동명사, 2010).

호네트, 악셀, 『인정투쟁』(사월의 책, 2011).

Falk, Falk, "Die Weltodrnung innerhalb der Grenzen von zwischenstaatlichen Recht und dem Recht der Menschheit," in: Mathias Lutz Bachman/James Bohman, *Frieden durch Recht,* Ffm. 1996.

Galtung, Johann, *Strukturelle Gewalt,* Hamburg 1975.

Habermas, Jurgen, "Die postnatinale Konstellation und die Zukunft der Demokratie," in: ders., *Die postnationale Konstellation,* Ffm. 1998.

Held, David, "Kosmopolitanische Demokratie und Wltordnung. Eine neue Tagesordnung," in: Mathias Lutz Bachmann/James Bohman, *Frieden durch Recht,* Ffm. 1996.

2장

# 신자유주의적 자유의 역설과 민주적인 사회적 공공성[1]

박영도

## 1. 자유의 역설과 신자유주의적 쿠데타

근대사회의 발달동학이나 중요한 변곡점을 설명하는 방식에 여러 가지가 있을 수 있겠지만, 자유의 역설 관점에서 설명하는 것도 한 가지 방식이다. 그 발달동학을 민주적 공공성 문제와 관련하여 조망할 때엔 특히 그러하다. 여기서 자유의 역설은 자유의 제도화가 자유의 박탈을 구조적으로 산출하거나 함축하는 현상을 가리킨다.[2] 이 역설의 원천은 자유와 강제의 긴장에 있는데, 이 긴장은 근대의 자유로운 개인들의 공존과 공생의 양식으로서의 자유로운 사회질서에 내재한 것이기도 하다. 왜냐하면, 이 공존에는 불가피하게 함께 따라야 할 규칙이 필요한데, 이 규칙은 자유로운 개인들에겐 강제와 억압으로 경험될 수밖에 없기 때문이다.

따라서 거의 딜레마에 가까운 이 자유와 강제의 긴장관계를 어떻게 매

1 이 글은『사회와 철학』, 31집(2016)에 게재되었다.

2 이 자유의 역설 출발맥락에 대해선 박영도,『비판의 변증법』, 75-82쪽.

개할 것인지가 근대 사회질서의 중심 문제로 떠오르는데, 어떤 의미에서 민주주의는 이 긴장관계를 매개하기 위한 장치라고 할 수 있다. 실제로 민주주의의 원리는 규칙이 적용되는 대상자들이 동시에 규칙을 제정하는 저자들이어야 한다는 데에 있는데, 이 민주적 동일성의 원리 또는 자율성 원리의 바탕엔 스스로 정한 규칙은 강제가 아니라는 관점이 깔려 있다. 그러니까 민주주의란 이 자율성 원리에 입각하여 자유와 강제의 긴장을 해결하는 제도적 장치이자 사회운동인 셈이다. 그러나 이 매개는 한 번에 완료되는 것이 아니라 미완의 기획으로 남는다. 그 매개는 불가피하게 요구되는 것이지만 동시에 원칙적으로 불가능한 것이기도 하기 때문이다. 민주주의가 제도인 동시에 운동으로 이중으로 파악되어야 하는 것도 이 때문이라고 할 수 있다. 마샬이 제시한 기본적 자유권에서 정치적 권리를 거쳐 사회적 권리로 이어지는 시민권의 발달과정은 이 자유의 역설이 해결되는 역사적 과정을 보여 줄 뿐 아니라, 그 해결 과정이 민주적 공공성이 확장되는 과정이기도 했다는 점을 잘 보여 준다.[3] 이런 의미에서, 자유의 역설은 자유상실에 대항하여 새로운 자유의 제도화 기획을 촉진하며, 그런 점에서 민주적 공공성의 확장을 향한 근대 민주주의 발달동학을 이끌어 가는 동력의 한 원천으로 기능한다고 하겠다.

그러나 최근 신자유주의적 발달경향에서 우리는 지금까지의 역사적 과정과는 정반대 방향을 목도하고 있다. 무엇보다 지금까진 자유의 역설이 민주적 공공성을 확장하는 방향으로 해결된 데에 비해 최근의 신자유주의적 기획은 이 과정에 역행하는 일종의 신자유주의적 쿠데타를 보여 주는 듯하다. 신자유주의적 기획 역시 자유의 역설, 그러니까 사회국가적 기

3 T. H. Marshall, *Citizenship and Social Class,* 물론 마샬 자신은 이 자유의 역설에 대한 감수성이 약했지만 말이다.

획에 내포된 자유의 역설에서 출발한다고 할 수 있지만,[4] 이 역설을 민주주의 원리를 확장하는 것이 아니라 자본축적의 논리를 확장하는 방향으로 해결하고, 민주적 공공성을 확장하는 것이 아니라 오히려 파괴하는 방향으로 해결하고 있기 때문이다. 특히 당혹스러운 것은 이 신자유주의적 쿠데타가 60년 후반 이래 진보적 사회운동의 규범적 기대지평을 형성했던 자율성과 자기실현의 이름으로 이루어졌다는 점이다. 초기 부르주아 혁명 이후 시장이 항상 자유의 파괴자로, 근대적 계몽기획의 파괴자로 비판을 받았는 데 반해, 신자유주의 기획에선 시장이 자유의 구원자인 양 등장하여, 자율성과 자기실현의 이념이 신자유주의적 구조조정을 정당화하는 자원으로 동원되고 있다.[5] 그런 점에서 이 쿠데타 자체가 하나의 역설적 발전과정이기도 하다. 하지만 이 글에선 이 역설적 쿠데타 자체가 초래하는 자유의 역설을 해명하고 이 역설을 벗어나는 방향을 민주적인 사회적 공공성이란 형태로 탐색해 보고자 한다.

1) 이 글에선 인정 패러다임에 입각하여, 특히 노동의 사회적 인정체제를 중심으로 이 문제를 다룰 것이다. 우선 2) 왜 이런 접근방법을 취하는지를 간략히 언급하겠다. 3) 이어서 노동의 사회적 인정체제의 신자유주의적 변형을 유동화된 성취원리를 중심으로 살펴보고, 인정체제의 이러한 변화가 가져오는 자유의 역설을 4) 주관적 측면에선 전도된 자기관계를 중심으로, 5) 사회적 측면에선 사회적 공공성의 파괴에 주목하여, 6) 정치적 측면에선 법의 역할전도 및 생명권력과 주권권력의 신자유주의적 착종을 중심으로 검토할 것이다. 7) 마지막으로 숙의적 성취원리와 민주적인 사회적 공공성이라는 관점을 중심으로 신자유주의적 역설을 넘어서

4 이 역설을 우린 하버마스의 생활세계 식민지화의 명제에서 재구성할 수 있는데, 이에 대해선, 박영도, 『비판의 변증법』, 538-569쪽.

5 사카이 다카시, 『통치성과 자유』, 20-26쪽, A. Honneth, *The I in We,* polity, pp.153-168.

는 전망을 시사하고자 한다.

## 2. 인정관계, 자유의 역설, 민주적 공공성

이 글에선 신자유주의적 자유의 역설을 인정(認定) 범주, 특히 악셀 호네트가 발전시킨 인정 범주에서[6] 출발하여 해명하려고 하는데, 여기엔 몇 가지 이유가 있다. 먼저, 인정 범주가 자유와 강제의 긴장을, 그리고 이로부터 발생하는 자유의 역설을 해명하는 데 유용한 관점을 제공하기 때문이다. 인정 및 인정투쟁의 기본 관점은 개인의 정체성이나 자기의식은 자립적 주체들 간의 상호주관적 인정관계에 기초하며, 이 인정관계는 인정투쟁을 경유하여 역사적으로 변화한다는 것이다. 그런데 상호주관적 인정관계가 개인의 정체성의 토대라는 것은 이미 인정관계 속에 자유와 강제의 긴장이 담겨 있음을 함축한다. 인정관계는 개인에게 자유의 권능을 부여하는 동시에 그것을 제약하는 한계도 부여하기 때문이다. 그러니까 **인정관계 역시 자유와 강제의 긴장으로 구성되어** 있는 셈이다. 예컨대 사회규범이라는 것은 사회적으로 일반화된 인정의 기대를 집약한 것이라고 할 수 있다. 그런데 그 규범을 준수할 때 개인이 자신의 정체성을 확인하는 것이 아니라 오히려 훼손됨을 느낀다면, 이 규범에 의해 인도되는 인정관계는 개인의 자기실현을 가로막는 것으로 경험된다. 여기서 주어진 인정관계를 변화시키려는 동인이 발생하는 것이다. 따라서 인정 범주는 자유와 강제의 긴장이 어떻게 발생하고 이를 통해 자유의 역설이 어떻게 등장하는지를 설명하는 데 좋은 출발점이 된다.

6 이에 대해선 A. Honneth,『인정투쟁』; A. Honneth/ N. Fraser,『분배냐 인정이냐?』.

둘째, 인정투쟁에서 출발할 경우 자유의 역설을 추상적 수준이 아니라 그 역설이 초래한 불의의 경험과 이 경험에서 출발하는 운동의 역동성이라는 구체적인 경험적 수준에서 접근할 수 있다는 장점이 있다. 인정은 개인이 자기에 대해 긍정적 관계를 맺을 수 있는 상호주관적 조건이라고 할 수 있다. 반대로 인정에 대한 정당한 기대가 무산될 때 주체는 정체성의 훼손과 같은 부정적 경험을 갖는데, 그것이 곧 무시와 모욕의 경험이다.[7] 한 사회의 도덕적 질서는 바로 이 인정과 무시의 분배와 관련된 원칙과 조건들의 집합으로서의 인정질서라고 볼 수 있다. 인정투쟁은 역사적으로 특정한 인정질서 또는 인정체제가 구조적으로 산출하는 무시와 모욕의 경험에서 출발한다.[8] 대중의 저항은 정의의 훼손이라는 추상적 상황에서 출발한다기보다는 무시와 모욕의 구체적 경험과 거기서 비롯되는 분노에서 출발하는 것이다. 따라서 자유의 역설을 감지하고 새로운 자유의 제도화를 추구하려는 사회정치적 동력은 인정의 상실과 결핍을 경험한 주체의 인정투쟁에서 찾을 수 있다.

이런 의미에서 자유의 역설에서 출발하여 민주적 공공성의 확장으로 이어진 근대의 사회정치적 동학도 인정투쟁에서 비롯된 인정체제의 변동으로 이해할 수 있다.[9] 마샬이 기술한 시민권 발달의 역사적 과정을 법이라는 인정 차원에서 이루어진 인정투쟁의 결과라고 볼 수 있는 것도 이 맥락에서다. 법적 권리의 차원에서 인정은 권리의 평등한 존중을 그 주도 원리로 가진다. 이 관점에서 보면 민주적 공공성의 확대과정은 한편 지금까지 인정질서에서 소외되어 있던 집단들에게도 이 평등한 존중의 원리가

7 A. Honneth, 『인정투쟁』, 222-223쪽.

8 A. Honneth, 『인정투쟁』, 263-277쪽.

9 오늘날 사회변동의 주요 측면들을 인정투쟁의 전망에서 조명한 좋은 문헌으로는 문성훈, 『인정의 시대』.

보편적으로 적용되는 과정을 가리킨다고 하겠다. 다른 한편 그 과정은 법적으로 보장된 평등한 자유의 실현에 필요한 기회와 자원이 불평등하게 분배되어 있는 상황을 제거함으로써 형식적 자유와 실질적 자유의 간극을 해소하고 모두가 실질적으로 인정받을 수 있는 조건을 갖추기 위한 실질적 권리의 증대라는 방향을 가리키기도 한다.

셋째, 인정은 사회적으로 인정된 행위기대의 복합체인 사회구조를 개인의 정체성에 연결시키는 사회적 통합의 매체라고 할 수 있다. 인정질서로서의 사회질서가 산출하는 자유의 역설과 그 동학을 개인들이 겪는 구체적 불의의 경험에서 출발하여 파악할 수 있는 것도 이 때문이다. 그러나 인정관계는 더 나아가 체계통합과 사회적 통합의 접점을 형성하기도 한다. 예컨대 인정질서의 주요 차원인 법적 권리의 영역은 화폐나 권력이라는 체계운행의 매체가 생활세계 속에 정착하여 사회적 통합의 영역과 접합하기 위해 통과해야 할 매개지점이자, 역으로 사회적 통합의 요구가 체계통합의 영역으로 진입하기 위해 거쳐야 할 변환지점이기도 하다.[10] 또한, 근대사회에서 인정의 또 다른 핵심원리인 성취원리 역시 사회적 노동의 영역에서 체계통합의 원리와 사회적 통합의 원리가 만나는 접점을 형성한다. 만약 자본주의적 조직원리와 민주적 조직원리의 차이가 체계통합과 사회적 통합의 관계를 매개하는 방식의 차이에 있다면,[11] 즉 어느 쪽에 우선성을 두고 그 관계를 설정하는가에 있다면, 우린 자유의 역설 문제와 관련하여 자본주의적 조직원리와 민주적 조직원리가 어떤 식으로 만나고 긴장관계를 맺고 충돌하는지도 확인할 수 있다.

따라서 인정투쟁의 관점에서 출발하면, 한편으로 자본축적의 논리가

10 J. Habermas, 『사실성과 타당성』, 95-96쪽.
11 J. Habermas, 『의사소통행위이론2』, 532-533쪽.

초래하는 보이지 않는 구조적 폭력이 개인의 정체성의 훼손이라는 구체적 경험이라는 차원에서 어떻게 나타나는지도 파악할 수 있을 뿐 아니라, 역으로 불의의 경험에서 출발하는 인정투쟁이 체계통합의 양식에 어떤 변화를 가져올 수 있는지도 개념화할 수 있다. 다시 말해서 자본축적의 논리에 입각하여 민주적 공공성을 파괴하는 경험적 발달경향을 해명하는 동시에 이 파괴에 대항하여 민주적 공공성을 회복하고 확장하기 위한 전망도 제시할 수 있다는 장점이 있다.

넷째, 그러나 호네트의 인정 패러다임은 신자유주의적 자유의 역설에 대한 해명에 있어선 장점을 보이지만 그 역설을 넘어서는 규범적 전망을 해명하는 데 있어선 다소 문제점을 안고 있는 것 같다. 그런 점에서 인정 패러다임은 하버마스의 소통 패러다임을 통해 보충될 필요가 있다.[12] 이 글에선 신자유주의적 자유의 역설을 벗어날 적절한 전망을 제시하기 위해선 하버마스의 담론원리와 인정 패러다임의 결합이 이루어질 필요가 있다는 것을 숙의적 성취원리 개념을 통해 보여 줄 것이다.

## 3. 신자유주의적 인정체제와 유동화된 성취원리: 성취원리와 시장원리의 결합

인정의 관점에서 볼 때, "사회적 노동"이라는 말에서 '사회적'이라는 용어는 노동영역에서 형성되는 인정관계 및 인정체제를 함축한다. 근대사회에 들어와 사회적 노동의 영역에서 인정관계를 주도하며 인정과 무시의 감각을 규정했던 원리는 성취원리이다. 물론 이 성취원리는 항상 이데

12 이에 대해선 이 글의 7절 참조.

올로기적 얼룩을 달고 다니지만, 그럼에도 여전히 사회적 자원과 지위의 분배를 정당화하는 중요한 규범적 원리로서 작동하고 있다. 사실 이 성취원리가 하나의 제도화된 인정원리라는 지위를 얻지 못했다면, 그것의 이데올로기적 기능도 없었을 것이다. 어떤 면에서 성취원리는 부르주아 사법의 자유로운 선택의 자유에 상응하는 노동의 사회적 인정 원리라고 볼 수 있을 것이다.

그런데 신자유주의 시대에 성취원리는 그 이데올로기적 기능을 그 어느 때보다 강력하게 수행한다. 그리하여 신자유주의 구조조정을 정당화하는 핵심 원리 또한 이 성취원리에서 찾아볼 수 있다. 특이한 점은 이 이데올로기적 기능을 수행하면서 성취원리가 근대의 규범적 기대지평을 형성해 온 자율성, 자기실현, 자기책임, 창의성 등을 주된 자원으로 동원한다는 점이다. 그리하여 특히 68혁명 이래 저항운동의 중심이념을 형성했던 **자기실현과 자율성**, 창의성의 요구가 다름 아니라 **새로운 자본축적의 명령을 이행하기 위한** 신자유주의적 기획을 통해 제도화되고 있다는 점이다. 바로 여기서 우린 신자유주의의 기획이 어떤 의미에서 자유의 제도화 기획인지를 이해할 수 있는 동시에 그것이 어떤 의미에서 역설을 포함하고 있는지를 예감할 수 있다.

신자유주의적 기획이 추구하는 새로운 인정체제가 새로운 자유의 제도화라는 점을 좀 더 분명히 하기 위해 그것을 포디즘적 인정체제와 비교해 볼 필요가 있다. 주지하다시피 후자의 가장 두드러진 특징은 계획과 실행의 분리로 대표되는 노동의 기계화와 표준화이다. 이 체제 하에선 생산자로서 노동자의 정체성과 자기실현은 인정될 수 없었다. 그리고 이 인정의 결핍은 장기근속, 안정된 소득 및 이에 따른 소비능력, 사회적 권리 등을 통해 보충되었다. 이런 점에서 포디즘적 인정체제에서 노동자는 집합적 차원에서 부분적 자율성은 지녔지만, 개인적 차원에서 자율성을 누리진 못했다고 할 수 있다. 다시 말해서 포디즘 체제에서 노동은 자기실현이라기보다는 하나의 부담이었고, 노동에 대한 집합적 가치부여는 이 고단한 삶에 대한 하나의 사회적 보상이라는 형태로 이해할 수도 있을 것이다.[13]

이 포디즘적 인정체제에서도 성취원리는 시장환경에의 적응을 강요받았지만, 부단히 변화하는 시장 상황으로부터 어느 정도는 차단되어 있었다. 이것은 기업의 내부 경제가 시장경제에 대해 어느 정도 상대적 자율성을 누릴 수 있는 상황에 있었기 때문이다.[14] 포디즘적 인정체제가 이를테면 무거운 '고체 근대적' 특성을 보여 준다는 것도[15] 이러한 맥락에서 이해할 수 있을 것이다. 그러나 신자유주의와 더불어 인정체제는 유동화되는데, 이 변화를 이렇게 요약할 수 있을 것이다.

첫째, 시장의 변화무쌍한 환경에 탄력적으로 대응하기 위해 기업은 시장과 실시간으로 공명하는 자기산출적 조직으로 전환할 필요가 있었고, 이를 위해 시장원리를 기업 내부로 끌어들여 내부 경쟁체제를 대폭 강화시켰다. 이와 함께 노동의 사회적 가치에 대한 인정의 원리인 성취원리도 시장원리에 강하게 포섭되어 강력한 경쟁관계 속에서 유동화된다. 어떤 점에선, 포디즘 체제에서 시장원리에 형식적으로 포섭되어 있던 성취원리가 이제 시장원리에 **실질적이고 역동적인 방식으로 포섭**되었다고 말할 수 있을 것이다. 이런 점에서 우린 신자유주의 시대의 변형된 성취원리를 **유동화된 성취원리**라고 부를 수 있을 것이다.

13 S. Vorswinkel, "Bewunderung ohne Würdigung," in A. Honneth (Hg), *Befreiung aus der Mündigkeit,* pp.73-74.

14 Kocyba Hermann/Wilelm Schumm, "Begrenzte Rationailität-entgrenzte Ökonomie," in A. Honneth (Hg), *Befreiung aus der Mündigkeit,* pp.43-44.

15 Z. Bauman, 『액체근대』.

둘째, 이 유동화된 성취원리는 경제 영역에 한정되지 않고, 사회의 모든 영역으로 확장된다. 요컨대 신자유주의적 인정체제에 오면 성취원리가 유동화되면서 경제의 둑을 넘어 사회 곳곳으로 넘쳐 흐르게 되는 것이다. 이를 통해 경쟁의 문화와 삶의 형식을 사회 전체 차원에서 일반화하려는 것이 바로 신자유주의적 기획이 겨냥하는 목표라고 할 수 있을 것이다.[16]

성취원리의 유동화는 노동의 사회적 가치를 인정하는 방식에 큰 변화를 가져왔고 이 변화가 노동현장에선 "노동의 주체화"라는 형태로 나타난다.[17] 이것은 노동양식의 측면에선 포디즘 체제 특유의 계획/실행 분리를 벗어나 노동과정에서 자기책임과 자기실현, 창의성의 발휘를 요구하는 것을 가리킨다. 그런 점에서 노동의 주체화는 신자유주의적 자유 제도화의 구체적 형태이기도 하다. 그러나 다른 한편 인정관계의 측면에서 그것은 노동이 더는 협동의 틀 속에 이루어진 노력과 희생으로 이해되고 평가되지 않고 주로 개인의 재능 및 성과의 수월성이란 측면에서 평가된다는 것을 의미한다.

이것이 인정관계의 변화 및 자유의 역설과 관련하여 무엇을 뜻하는지를 파악하기 위해선 노동에 대한 사회적 인정의 두 차원이라고 할 수 있는 것을 구별할 필요가 있다. 공통된 속성에 대한 존중과 개인의 특출한 재능 및 수월성에 대한 놀라움이 그것이다.[18] 우리가 알고 있듯이, 뛰어난 운동선수에 대한 존경은 그의 재능과 성취의 수월성에 대한 경탄에서 비롯된 것이지 공통된 속성에 대한 도덕적 존중에서 비롯된 것은 아니다. 이에

16 이에 대해선 M. Foucault, 『생명관리정치의 탄생』.

17 U. Holtgreve/S.Voswinkel/G. Wagner, (Hg), 2000. *Anerkennung und Arbeit*, pp.101-166; S. Vorswinkel, "Bewunderung ohne Würdigung," in A. Honneth (Hg), *Befreiung aus der Mündigkeit,* pp.65-92.

18 S. Vorswinkel, op.cit., p.70.

비해 법적 평등은 인격체의 보편적 속성에 대한 존중에서 비롯된다. 물론 노동의 사회적 인정의 원리인 성취원리에선 인격체의 보편적 속성에 대한 존중이 다루어지기보다는 개인의 특수한 능력 및 속성에 대한 사회적 가치부여가 다루어진다. 그러나 '사회적 가치부여'라는 말이 함축하듯이 여기엔 공동의 목표를 위한 협동의 틀 안에서 이루어진 노력과 기여를 중시하는 존중의 측면이 있으며, 이것은 뛰어난 성과에 대한 놀라움의 측면과 구별된다. 일반적으로 전자는 도덕적 성격을 갖지만, 후자는 그렇지 않다. 그리하여 전자는 연대의 차원과 결합되고 놀라움의 측면은 경쟁 및 차별화의 차원과 연결된다.

노동의 주체화는 노동의 사회적 인정에서 그 중심축이 존중의 측면에서 놀라움의 측면으로, 협력의 차원에서 경쟁과 성과의 차원으로 이동했다는 것을 뜻한다.[19] 이제 노동자의 성취와 업적은 투입의 측면에서 협동적 분업 속에서 이루어지는 노력으로 해석되기보다는 시장 수익성이라는 기준에 따라 측정되는 산출의 측면에서 성과를 중심으로 해석된다. 협동적 분업이 중시되는 맥락에서는, 성취는 투입뿐만 아니라 산출의 측면에서도 공동의 목표에 대한 기여라는 관점에서 평가될 수 있다. 하지만 유동화된 성취원리가 지배하면서, 그렇지 않아도 시장상황에 포섭되어 있던 산출의 측면은 이제 완전히 시장원리에 실시간으로 포섭되어 오직 시장에서 거둔 성과를 통해서만 평가된다. 뿐만 아니라, 내부 시장화 과정이 진척되면서 이젠 투입 차원에서도 협업구조가 깨어지고 성취와 업적은 완전히 시장경쟁의 원리에 포섭되어 해석되고 측정된다. 원래 시장은 생산과정에 대한 고려 없이 성과만 강조하고, 이 성과는 오직 수요/공급 관

19 S. Vorswinkel/G.Wagner, "Vermessung der Anerkennung," in A. Honneth *et al*. (Hg). *Strukturwandel der Anerkennung,* pp.78-88.

계에 좌우된다. 인정체제가 유동화되어 성취원리가 역동적으로 시장원리에 포섭되면서, 이제 투입측면과 산출측면 가릴 것 없이 놀라운 수익성과 성과를 제공하는 노동만 평가받게 되는 것이다. 이와 함께 연대의 차원은 사라지고 치열한 경쟁만 남게 된다. 즉 **연대 없이 경쟁만 남은 인정체제**가 출현한 것이다. 이 새로운 인정체제가 신자유주의적 자유의 역설 진원지라고 할 수 있다.

## 4. 전도된 자기관계와 유동화된 성취원리: 신자유주의적 자유의 역설의 주관적 측면

이 진원지로부터 발생하는 자유의 역설에서 우린 주관적, 사회적, 정치적 측면을 구별해 볼 수 있는데, 먼저 주관적 측면부터 살펴보겠다. 마르크스가 볼 때 초기 자본주의 상황은 이를테면 '시장의 공화국과 공장의 전제'라는 대비로 요약할 수 있었다.[20] 이 대비는 포디즘적 인정체제까지 이어졌던 자유의 역설의 전형적 모습을 요약해 줄 뿐 아니라, 신자유주의 시대에 등장한 새로운 자유의 역설을 이해하는 배경이 되기도 한다. 이 대비에 비추어 보면, '노동의 주체화'는 유동화된 성취원리가 지배하면서 이제 시장의 자유가 기업과 공장 안으로 진입하여 공장의 전제를 대체한다는 것을 뜻한다. 그러니까 자유의 제도화가 단순히 교환관계 속에서 그리고 그것의 자유주의적 반영이라는 형태로 정치 영역에서만 이루어지는

20 마르크스의 민주주의 기획은 사실 이 대비가 선명하게 드러내 보여 주는 자유의 역설, 즉 노동자들이 직접 체험하는 자유의 역설을 극복하려는 시도였다. 박영도, 『비판의 변증법』, 344-351쪽. 이 기획이 어떤 의미에서 다시 자유의 역설에 빠지게 되었는지에 대해선, 박영도의 앞의 책, 351-368쪽.

것이 아니라 이제 생산 영역에서도 관철된 셈이라고 하겠다. 이런 점에서 고전적 자유주의와 신자유주의의 중요한 차이도 전자에선 시장의 자유가 정치적으로 제도화되었을 뿐 '공장의 전제'는 유지되었는 데 반해, 이제 신자유주의는 **시장의 자유를 생산영역에서도 제도화**하고자 한다는 데에서 찾을 수 있을 것이다.[21] 그러나 이 시도는 자유의 경제적 효과를 정치영역을 통해 간접적 방식으로 누리는 것에 그치지 않고 생산현장에서 직접 누리기 위한 전략이고, 자유의 의미를 철저히 경제적 효과에 포섭시키기 위한 전략이라고 할 수 있다. 다시 말해서 자기실현과 창의성까지 직접 생산력으로 동원하기 위한 전략이라고 할 수 있다. 그러니까 공장과 사무실에서 이루어지는 자유의 제도화가 공장과 사무실을 자유의 공간으로 변형시키는 것이 아니라 거꾸로 사회 자체를 일종의 기업의 내부경제 영역과 같은 것으로 바꾸고, 거기서 제도화되는 자기실현과 자기결정을 자본축적의 기제로 전도시키는 역설적 결과를 초래하는 것이다.

이 역설은 무엇보다 신자유주의적 노동의 주체화가 자기실현, 자기결정, 창의성이라는 구호 아래 '인적 자본의 자기경영'으로 뒤바뀌고 있다는 데에서 확인할 수 있다. 인적 자본의 자기경영은 유동화된 성취원리의 한 효과이다. 성취원리가 시장원리에 역동적으로 포섭된다는 것은 노동자에게 쏟아지는 자기실현의 요구가 매 순간 목숨을 건 도약에서 살아남아야 하는 강제에 포섭됨을, 따라서 경쟁력 강화의 명령에 포섭됨을 의미한다. 그리하여 자기실현 과정은, 시장의 수익성을 기준으로 놀라운 성과를 보여 주어야 하는 신자유주의적 인정체제에선, 필사적 생존과정으로 뒤바뀐다. 이를 위해 노동자는 "자기"의 경영자, 자기의 기업가가 될 것을 요

21 엄밀히 말하면 자유의 제도화가 일어난 곳은 공장보다는 사무실인 경우가 많다. 그런 점에서 '공장의 전제'의 은유는 여전히 부분적으로는 유효하다고 할 수도 있다.

구받는다. 그리고 이러한 전도는 공장과 기업 안에서 끝나지 않고 전체 사회로 확장된다. 1997년 외환위기 이래 한국에서 인적 자본의 자기경영 논리가 공장과 사무실뿐 아니라 자기계발 문화산업, 나아가 교육영역까지 지배하고 있다는 점이 이것을 잘 보여 준다.[22] 이러한 경로를 통해 근대의 규범적 기대지평을 형성하는 자유선택, 자기결정, 자기실현의 원리가, 노동의 주체화라는 형태로, 자기경영과 자기기업의 개념 속으로 마치 합금되듯이 녹아 들어간다. 바로 여기서 자유의 역설의 주관적 측면을 확인할 수 있다.

그러니까 신자유주의적 자유의 역설은 노동의 자율성에 대한 노동자 자신의 요구가 노동자에 대한 자본가의 타율적 명령이란 형태로 실현된다는 데에 있는 것이다. 즉 자본축적을 위한 타율적 명령이 노동자의 자발적 자기실현의 욕구라는 전도된 형태를 통해 관철되고 있다. 노동자의 편에서 이것은 시장환경의 어떤 변화 속에서도 자신의 인적 자본의 경쟁력을 잃지 않고 자기산출적 재생산을 확보해야 한다는 명령으로 나타난다. 그러므로 이 인적 자본의 자기산출 논리는 실은 주체화된 노동의 논리가 아니라 오히려 **자본의 자기산출 논리의 주체화**된 형태이다. 즉 신자유주의적 노동의 주체화는 다름 아니라 자본의 논리의 주체화이며, 따라서 그것은 노동 자율성의 보장이 아니라, 오히려 인적 자본이라는 형태로 노동을 자본의 논리에 실질적으로 포섭시키는 최고의 형태라고 할 수 있을 것이다. 노동자의 자기실현 요구와 자본축적의 명령 사이에 일종의 **아이러닉한 단락**이 발생하여, 전자가 후자에 직접 봉사하고 있다.

그 결과, 자기실현을 추동하는 낭만주의적 자유의 열정은 냉정한 자기관리와 자기계발이라는 형태를 거쳐, 자본의 자기산출적 재생산을 위한

22 이에 대해선 서동진, 『자유의 의지 자기계발의 의지』.

불쏘시개로 동원된다.[23] 이렇게 자기실현의 이념이 신자유주의적 자본주의 생산력의 핵심 요소로 전환되는 구조 속에서 노동자는 문자 그대로 자기를 불태워(burn-out) 자본의 명령에 복무하게 된다. 한병철이 우울증과 소진증후군을 21세기 '피로사회'의 고유한 정신질환이라고 말한 것은 틀리진 않았다.[24] 모두 것을 태워 버린 후에 남은 잿더미의 우울, 이것이 바로 신자유주의적 자유의 역설의 결과이고, 노동의 주체화의 결과인 셈이다.[25]

## 5. 사회적 공공성의 파괴와 유동화된 성취원리: 신자유주의적 자유의 역설의 사회적 측면

자기관계가 상호주관적 인정관계에 의존하는 한, 연대 없는 경쟁의 인정체제는 자기실현 없는 자기관계를, 자본축적의 메커니즘으로 전도된 자기관계를 산출한다. 이것이 신자유주의적 자유의 역설의 주관적 측면

23 다양한 정체성의 기회를 실험적 자기실현의 기회로 강조하는 이른바 포스트모던 문화의 기획은 이 노동의 주체화의 논리를 경유하여 자본의 자기산출 논리 속으로 포섭된다. 포스트모던 문화는 단순히 소비자본주의 문화논리에 그치는 것이 아니라, 신자유주의적 인적 자본의 자기경영의 문화적 논리로, 노동의 주체화를 지탱하는 문화적 논리로 작동하기도 한다.

24 한병철, 『피로사회』. 그러나 한병철은 이 피로사회의 징후를 산출하는 신자유주의적 자유의 역설을 정확히 진단하지 않고 있으며, 따라서 처방도 도가적 치유의 길을 취하고 있다. 그러나 이런 처방은 자유의 이름으로 부과된 신자유주의적 강제 속에서 지칠 대로 지친 노동자를 잠시 힐링시켜 다시 시장 속에 집어넣는 장치로 끝날 가능성도 많다.

25 현실적으로 대학진학이라는 하나의 출구만 열려 있는 엄혹한 경쟁상황 속에서 자기주도적 학습의 강요에, '학습의 주체화'의 강요에 시달리는 우리의 아이들이 겪는 고통은 '노동의 주체화'의 그것보다 더하면 더했지 덜하진 않을 것이다. 우리의 아이들은 이렇게 '학습'이란 이름 아래 심지어는 이미 초등학교에서부터 노동의 주체화의 역설적 강제에 강하게 노출되어 있다.

을 구성한다. 이에 비해 신자유주의적 인정체제가 가져오는 연대의 파괴 자체는 신자유주의적 자유의 역설의 **사회적** 측면을 구성한다. 자기실현이 상호주관적 인정관계에 의존한다면, 그 인정관계의 파괴와 왜곡은, 즉 연대 없이 경쟁관계만 지배하는 인정체제는 곧 자유의 사회적 차원의 파괴를 함축하지 않을 수 없다. 그러니까 신자유주의적 자유의 역설의 사회적 차원을 사회적 연대 혹은 사회적 공공성의 파괴에서 확인할 수 있다.

사회적 공공성의 파괴에서 신자유주의적 자유의 역설을 확인할 수 있는 것은 첫째, 사회적 권리와 사회복지의 형태로 이해되고 있는 사회적 공공성이 자유의 사회적 하부구조를 형성하기 때문이다. 둘째, 사회적 불평등의 유례없는 심화로 나타나는[26] 이 사회적 공공성의 파괴가 바로 신자유주의적 자유의 제도화에서 중심을 형성하는 유동화된 성취원리와 연결되기 때문이다. 주지하다시피 성취원리는 근대 자본주의 사회에서 지위의 분배를 규제하는 중요한 정의원리로서 기능해 왔다. 그러나 신자유주의적으로 유동화된 성취원리가 경제 영역을 넘어서 사회 전체로 확장될수록, 분배정의의 원리로서의 그 의미와 기능은 상실되고, 불평등의 심화를 정당화하는 이데올로기적 기능만 강화될 뿐이다.

먼저, 신자유주의 시대에 자유와 창의성으로 포장한 '인적 자본'이라는 메커니즘에 의해 산출되어 이른바 구조조정의 배관을 타고 인적 쓰레기장으로 버려지고 있는 '사회적 잉여'의 규모가 점점 늘어나고 있다는 것은 주지의 사실이다. 이것은 성취원리가 유동화되면서 사회적 포용의 효과는 현격하게 줄어들고 사회적 배제의 효과만 두드러지게 늘어난다는 것을 뜻한다. 나아가 배제된 이들 사회적 '잉여'가 단순히 배제와 빈곤의 고통만 겪는 것이 아니다. 거기에 무시와 모욕의 고통이 더해진다. 유동화

26 한국사회에서 이 불평등의 정도에 대해선 정태석,『행복의 사회학』.

된 성취원리는 이른바 '도덕적 해이'라는 해괴한 죄목을 제시하며 빈곤과 무시의 이중고는 도덕적 해이에 빠진 사회적 잉여층이 스스로 자초한 것이라고 그 책임을 개인에게 전가시킨다. 그리고 이러한 사사화 속에서 빈곤과 무시를 제도적 차원에서 해결해야 할 공적 책임은 실종되고 만다.

둘째, 천만다행으로 이 사회적 '잉여'의 상태를 (일시적으로) 면했지만, 여전히 실존적 불안에 시달려야 하는 계층은, 앞서 말했듯이, 이제 자본을 위해 자신의 의지와 열정까지 모두 불태우고 탈진상태에 이른다. 뿐만 아니라 이 탈진상태를 벗어나지 못하는 사람들은 자기관리의 부족이라는 냉정한 판정에 따라 구조조정의 배수구 앞에 서게 된다.

마지막으로, 성취원리가 분배정의의 원리로서 가장 긴급하고도 유효하게 적용되어야 할 대상이 바로 사회의 최상층이지만, 바로 이들에게 이 원리는 전혀 작동하지 않는다. 오히려 글로벌시장의 승자독식 논리가 심화하는 가운데, 최상층에선 최소의 성취로 최대의 보상을 향유하는 양상이 펼쳐진다. 이것이 성취원리의 유동화가 최상층에 대해 갖는 의미이다.

요컨대 유동화된 성취원리는 이른바 '하층계급'에겐 배제의 논리로 작동하고, 최상층에겐 신분적 특권을 만끽하게 해 주는 장치로 작동하고, 그 사이의 중간층에겐 유례없는 경쟁과 이에 따른 소진징후군의 원인으로 작동한다. 그 어디서도 성취원리는 공적 정의의 원리로 기능하지 않는다. 그 결과는 중세의 정치적 신분질서도 아니고 근대의 경제적 계급질서도 아닌 새로운 형태의 불평등 체제, 즉 **경제적 신분체제**라고 할 수 있는 불평등 체제의 출현이다. 어쩌면 우리는 유동화된 성취원리라는 최첨단의 원리를 통해 새로운 중세의 세계로 진입하고 있는지도 모른다. 최근 급속하게 확산되고 있는 이른바 '헬조선 담론'이나 '수저계급론'은 바로 이 새로운 불평등 체제, 새로운 중세의 출현을 경고하는 담론이라고 할 수 있을 것이다.

이 담론들은 신자유주의적 자유의 역설의 주관적 측면과 사회적 측면 사이에 악순환이 발생하고 있다는 점도 시사한다. 이 악순환은 노동의 주체화에 대한 요구와 그것을 충족하는 데 필요한 자원 및 조건 사이에서 발생한다. 노동의 주체화에 대한 요구를 충족할 자원이 —사회적 공공성의 파괴로 인해— 부족할수록 그 요구를 충족할 수 있는 기회와 가능성이 줄어들고, 그럴수록 사회적 잉여층으로 배제될 가능성도 높아지며, 따라서 동원할 수 있는 자원은 더욱더 줄어든다. 자율성을 실현할 자원은 없이 자율성만 자본으로부터 강요받는 계층이 빠지게 되는 이 악순환을 집약하여 잘 보여 주는 것이 바로 우리 사회의 청년들이 냉소적으로 내뱉는 '노오~력'이라는 낱말이다. 금수저 계급을 제외한 모든 계급에게 '노오~력'이 강요되고, 또 아무리 노력해도 더 많은 '노오~력'만 더 요구되는 상황은 우리 사회가 바로 이 악순환에 빠져 있다는 것을 보여 준다. 이 악순환을 끊지 못한다면, 우리는 정말로 글로벌 영주들이 지배하는 새로운 중세의 새로운 농노로 전락할지도 모른다.

## 6. 생명관리권력과 주권적 권력의 신자유주의적 착종: 신자유주의적 자유의 역설의 정치적 측면

새로운 중세의 경향마저 보이는 이러한 극심한 사회경제적 불평등은 경제적, 실존적 불안을 야기하는 것에 그치지 않고 정치적 저항과 불안정도 야기하지 않겠는가? 국가는 이러한 상황에서 어떻게 정당성을 확보할 수 있는가? 이 질문과 관련하여 신자유주의적 자유의 역설의 정치적 차원을 살펴보겠다.

신자유주의가 초래하는 극도의 실존적 불안정성은 정치권력에겐 불리한 것만은 아니다. 왜냐하면, 모든 권력의 기반은 실은 불안정성에 있기 때문이다.[27] 그러나 권력의 증대와 권력의 정당화는 다른 문제이다. 그럼 경제적 불안의 확장을 통해 늘어난 권력은 어떻게 정당화되는가? 이 물음에 대한 신자유주의의 일차적 대답은 빈곤문제를 포함한 사회경제적 불안정성의 **개인화와 범죄화**로 나타난다. 신자유주의는 정규 계약관계로부터 배제된 빈곤층을 계약관계로 복귀시킬 필요도 의지도 갖지 않는다. 그런데 그들이 잉여상태로 배제된 상태를 정당화하기 위해선 그 배제의 책임을 개인에게 돌려야 한다. 그리하여, 이미 말했듯이, 빈곤은 '도덕적 해이'의 이름으로 사사화된다. 이로써 빈곤문제를 비롯한 경제적 불안전성의 문제를 사회적 권리의 형태로 공적으로 해결하는 것을 정당화해 주는 도덕적 근거가 상실되고, 따라서 그것은 사회정책을 통해 공적으로 해결해야 할 문제영역에서 배제된다.

빈곤의 개인화/사사화에는 빈곤의 범죄화가 뒤따른다.[28] 이것은 빈곤층을 근본적으로 위험한 존재로 구성한다는 것을 말한다. 이와 함께 빈곤문제를 사회정책상의 문제가 아니라 형사정책상의 문제로 지각하는 경향이 나타난다. 앞서 우린 사회적 잉여층에겐 빈곤에 더하여 도덕적 무시라는 고통이 더해진다고 했다. 그러나 이제 그들은, 단순히 도덕적으로 무시당할 뿐 아니라, 잠재적 범죄자로 취급받는 고통까지 겪게 된다. 그리하여 이들이 자신의 문제의 공적 해결을 요구하고 나설 때 이들은 실제로 범죄자 취급을 받게 된다. 이와 함께 권리보호라는 의미가 아니라 법과 경찰

27 Z. Bauman,『부수적 피해』, 82쪽.
28 사카이 다카시,『통치성과 '자유'』, 263-273쪽; Z Bauman,『새로운 빈곤』, 143-151쪽.

을 통한 통치라는 의미에서의 법치의 강화가 발생하게 된다. 그러니까 빈곤의 범죄화는 사회경제적 불안정성의 문제를 사회적 공공성은 축소하고 치안은 강화하는 형태로 해결하려는 전략의 일환인 셈이다. 그 결과는 법의 역할에서의 전도이다. 근대에서 법은 시민의 권리를 보장한다는 점에서 자유를 보장하는 장치였고, 이 법의 보호를 받는 층이 늘어난다는 점에서 사회정치적 포용의 기제였다. 그런데 이제 이 법은 자유와 권리의 보호보다는 치안과 통치의 강화를 위한 기제로 변했고, 사회적 포용의 기제가 아니라 **사회적 배제의 기제**로 작동하게 된다. 여기서 우린 신자유주의적 자유의 역설의 정치적 측면을 확인할 수 있다.

흥미로운 점은 사회적 공공성의 파괴와 치안이라는 의미의 국가적 공공성의 강화가 함께 진행되는 현상에서 푸코가 구별했던 생명관리권력과 주권적 권력의 기이한 착종을 발견할 수 있다는 점이다. 성취원리가 주도적 원리로 작동하는 사회적 인정 영역은 푸코의 생명관리권력 개념이 작동하는 전형적 공간이다. 그리고 푸코에 의하면 생명관리권력은 "살게 만들고 죽게 내버려 두는" 방식으로 작동한다.[29] 그럼 생명관리권력이 삶과 죽음을 가를 때 따라야 할 사회적 기준은 어디에 있는가? 사회적 가치부여의 원리에 있을 것이다. 그리고 이 원리가 바로 성취원리다. 이 원리가 사회국가에서처럼 포용적 방식으로 해석된다면, 생명관리권력은 사회적 공공성의 틀 속에서 작동할 수 있을 것이다. 그러나 앞서 보았듯이 신자유주의의 유동화된 성취원리는 이 사회적 공공성의 틀을 녹여 버리고 사사화한다. 이것은 생명관리권력의 '살게 만들기'라는 과제가 국가로부터 사적 영역으로 이양되었다는 것을 말한다. 그리고 사사화된 성취원리에 따라 작동하는 생명관리권력이 '살게 만들기'와 '죽게 내버려 두기'를 나눌

29 M. Foucault, 『사회를 보호해야 한다』, 279쪽.

때 기준으로 택하는 것은 비용 대비 수익성이다. 즉 성과에 비해 비용이 높은 경우엔 '죽게 내버려 두어야' 할 것으로 분류된다.

다른 한편 사적인 생명관리권력에 의해 '죽게 내버려진' 이 잉여층에 대해 국가는 치안 강화로서의 법치 강화를 통해 접근한다. 이때 권력은 푸코가 말하는 주권적 권력, 즉 "죽게 만들고 살게 내버려 두는" 권력으로 작동한다.[30] 이 주권적 권력은 '죽게 내버려진' 이 잉여층에 대해 '살게 만드는' 권력을 행사할 능력도 의사도 없다. 이 권력에겐 "죽게 만들고 살게 내버려 두는" 능력과 과제만 있기 때문이다. 따라서 사회적 잉여층은 사적 영역과 공적 영역 그 어디에서도 구원의 가능성을 얻지 못한다. 오히려 양쪽 모두에서 내버려진다. 그들은 주권적 권력에 의해 '알아서 살라고' 내버려졌다. 그들은 알아서 살려고 몸부림치지만, 사사화된 생명관리권력에 의해 '죽게 내버려진다'. 마지막으로, '죽게 내버려진' 상태로 되돌아온 이들을 살릴 능력도 의사도 없는 국가는 이제 그들을 범죄자로 처리한다. 이로써 생명관리권력과 주권적 권력 간의 신자유주의적 연결고리가 완성된다.[31]

한국의 신자유주의적 체제, 특히 이명박과 박근혜 정부는 이 생명관리권력과 주권적 권력의 결합구도를 전형적일 정도로 잘 보여 준다. 일반적으로 이 결합은 자본주의 논리, 특히 우리의 경우 발전주의의 논리 속에서 이루어진다. 그러나 발전주의 논리엔 허점이 있을 수 있다. 발전주의

30 M. Foucault, 위의 책, 278쪽.

31 세월호의 침몰과 구조의 과정은 이 연결고리를 잘 보여 준다. 신자유주의적 규제철폐의 분위기 속에서 어처구니없을 정도로 비용절감을 감행한 세월호에 승선한 승객들은 이미 잠재적으로 '죽게 내버려진' 상태이고 알아서 살아야 할 상태였다. 그리고 실제로 침몰이 일어났을 때 정말로 그렇게 되었다. 그리고 '죽게 내버려진' 이들을 구조해야 할 국가권력은 그들을 '살게 만들' 능력이 없었다. 그리하여 세 번째로 그들은 '죽게 내버려졌다.' 그렇게 수차례에 걸쳐 '죽게 내버려진' 희생자들을 보고 수많은 사람이 분노를 느꼈다. "살게 만들" 능력이 없는 국가는 이 분노에 대해 "죽게 만드는" 권력으로, 강화된 치안으로 대응하였다.

에 의하면 사회적 불평등과 사회적 불안정성의 문제는 경제발전의 효과 속에서 상쇄될 수 있다는 것이다. 그러나 성장과 고용이 분리되고, 실업이 아니라 '사회적 잉여'가 체계적으로 양산되는 상황에서 발전주의 논리만으로는 생명관리권력과 주권권력의 결합을 유지할 수 없다. 또 늘어나는 사회적 잉여층을 범죄시하는 방식만으로는 정당성을 유지하기 어렵다. 이런 허점을 보충하는 것이 분단체제와 반공주의의 활용이다.[32]

국가권력의 행사가 법을 통한 민주적 통제를 벗어나려고 할 때 흔히 동원하는 두 가지 논리가 있다. 하나는 사물의 통치 논리이고 다른 하나가 적의 (위협의) 논리이다. 예외상태가 흔히 경제위기나 전쟁위협을 통해 출현하는 것도 이 때문이다. 우리의 경우 발전주의는 사물의 통치 논리에 의존하고, 분단체제는 적의 논리를 제공한다. 체제경쟁이 있던 냉전시대엔 적의 논리는 미약하나마 발전주의 논리를 억제하는 효과를 가져올 수도 있었을 것이다. 그러나 냉전체제가 붕괴된 후에도 남아 있는 분단체제에서 작동하는 적의 논리는, 특히 **패배한 적**의 논리는 아무런 억제 효과를 보지 못하고 오직 발전주의를 보충하는 기능만 수행한다. 그리하여 발전주의와 손잡은 생명관리권력에 의해 '죽게 내버려진' 인구층의 도덕적 분노가 개인화와 범죄화의 장치를 뚫고 분출할 때, 반공주의 혹은 그 변형인 '종북주의'를 동원하는 주권적 권력이 작동하게 된다. 특히 반공주의는 나치 시대 반유태주의처럼 어떤 합리적 논증도 무용하게 만드는 증오의 주이상스를 내포하는 기이한 환상 구성물이라는 점에서 통치집단으로서는 더없이 유익한 도깨비 방망이다. **발전주의와 분단체제의 동맹이라는 특수한 바탕 위에 이루어진 배제적 생명관리권력과 억압적인 주권적 권력의 결합**이 오늘날

32 발전주의와 분단체제의 이중주가 한국의 정치구조를 어떻게 구조화하고 있는가에 대한 뛰어난 분석으로 김종엽, 「분단체제와 87년체제의 교차로에서」, 『창작과 비평』 41(3), 466-489쪽.

한국의 신자유주의적 국가 공공성을 구성하고 있다.

## 7. 성취원리와 담론원리의 결합 그리고 민주적인 사회적 공공성

지금까지 우린 신자유주의적 자유의 역설과 그것이 가져온 공공성의 파괴에 대해 살펴보았다. 그럼 이 역설을 넘어설 가능성과 방향은 어디서 찾을 수 있는가? 이 질문에 대답하기 위해 기본적으로 고려해야 할 것이 두 가지 정도 있는 듯하다. 첫째, 이 역설을 넘어서기 위해선 사회적 공공성을 회복하는 것이 급선무이지만, 이 회복이 하버마스가 생활세계의 식민지화라는 명제 속에서 해명했던 후기 자본주의 자유의 역설을 반복하는 형태로 끝나선 안 될 것이라는 점이다. 이것은 사회적 공공성 자체가 좀 더 민주적인 구조를 지녀야 한다는 것을 말한다. 이것을 우린 **민주적인 사회적** 공공성의 방향이라고 부를 수 있을 것이다. 둘째, 오늘날 사회적 노동 범주가 체계통합의 차원에서는 그 중요성을 점차 잃어 가고 있지만, 사회적 통합의 차원에선 여전히 그 의미가 유지될 뿐 아니라 어떤 점에선 더 절실해지고 있다는 양가적 상황을 고려할 필요가 있다. 첫 번째 고려사항이 신자유주의적 자유의 역설을 벗어나는 방향에 관련된 것이라면, 이 두 번째 고려사항은 그 방향을 추구하기 위한 검토해야 할 조건이라고 할 수 있을 것이다.

이 조건에서부터 논의를 해보자. 여기서 노동의 체계통합적 의미가 줄어든다는 것은 노동력이 잉여가치의 일차적 원천으로서의 지위를 상실해 가면서 완전고용을 사회적 공공성의 경제적 전제로서 설정하기가 점점 어려워진다는 것을 뜻한다. 인정 패러다임의 시각에서 볼 때, 사회적 공공성을 확립한다는 것은 노동의 사회적 가치부여라는 측면에서 사회의 모든 구성원을 배제 없이 포용할 수 있는 인정질서를 확립한다는 것을 뜻한다. 그러나 이제 이 포용이 완전고용이라는 경제적 형태로 이루어지긴 어려워 보인다. 즉 모든 노동을 시장의 지불노동에 포함시키는 방식으로는 포괄적인 사회적 포용이 이루어지기 힘들다는 점이 점점 뚜렷해지고 있다.

그러나 노동을 통한 사회적 가치부여가 대부분 사람들의 삶과 정체성에서 결정적으로 중요한 의미를 갖는다는 점은 여전하다. 괜찮은 일자리 자체가 희소자원이 되어 가는 상황에서 노동이 삶과 정체성에서 갖는 중요성이 어떤 점에선 더 절실해지는 면도 있다. 게다가 노동을 통한 사회적 인정의 기회가 줄어든다고 해서 그것을 소비를 통한 인정으로 대체하기도 쉽지 않다. 우선 사회적 잉여층의 증대는 곧 소비를 통한 인정의 여지가 줄어든다는 것을 뜻하기 때문이다. 게다가 소비를 통한 인정은 기본적으로 개인적 양식으로 이루어지기 때문에 그것을 통해 연대성을 형성하기 어렵고, 따라서 그것이 사회적 공공성의 기반으로 기능하기엔 역부족이다.[33]

어쩌면 딜레마와 같은 이 상황을 벗어나는 하나의 길은 사회적 인정의 양식을 새롭게 규정하는 길이다. 이와 관련하여 중요한 쟁점으로 떠오르는 것이 성취원리의 재해석이다. 앞서 우린 유동화된 성취원리가 신자유주의적 자유의 역설에서 어떤 역할을 담당하고 있는지를 밝혔다. 하지만 그렇다고 성취원리를 아예 기각하는 것은 무모한 일이다. 많은 사람이 성취원리의 이데올로기적 기능을 인지하면서도 여전히 일과 노동의 영역에서 느끼는 불의를 성취원리의 위반으로 체험하고 있는 데다, 앞서 말했듯

33 S. Voswinkel, "Gekaufte Wertschätzung?," in A. Honneth *et al.* (Hg), *Strukturwandel der Anerkennung*, pp.121–154.

이, 일과 노동 영역에서 얻는 인정이 여전히 삶의 의미의 중요한 기반을 형성하기 때문이다. 따라서 성취원리의 기각이 아니라 재해석이 관건이 된다고 할 수 있다. 사실 신자유주의적 자유의 제도화가 그렇게 많은 변화와 문제점을 일으킨 것도 다름 아니라 성취원리가 시장원리에 실질적으로 포섭되어 유동화된 성취원리로 변형되고 재해석되었기 때문이다. 그렇다면 성취원리를 이와는 다른 방식으로 해석하는 길도 충분히 사유가능한 일이다.

이 맥락에서 악셀 호네트는 "규범적 재구성"의 방법을 제안한다.[34] 이것은 사회적 인정 영역으로서의 사회적 노동의 영역 내부로부터 인정원리를 재구성하여 이것으로 신자유주의적 기획에 대항하는 길을 가리킨다. 그러나 체계통합의 측면에서 노동 범주의 의의가 줄어든다는 것은 자본을 압박하여 타협을 이끌어 낼 수 있는 노동 범주의 힘이 점점 약화되고 있다는 것을 뜻한다. 그렇다면 노동의 영역 내부로부터 재구성한 원리만으로는 유동화된 성취원리를 통해 작동하는 자본의 명령에 대응하기가 쉽지 않다. 오히려 앞서 확인한 신자유주의적 자유의 역설은 노동영역에서 재구성된 인정원리로서의 성취원리가 자본의 명령에 실질적으로 포섭되는 운명을 스스로의 힘으로 피하기가 쉽지 않다는 것을 보여 주고 있다.

따라서 시장원리에 대항할 잠재력이 있는 원리를 성취원리와 결합함으로써 시장원리와 성취원리의 신자유주의적 결합에 대항하는 길을 모색하는 것이 더 유망할 수도 있다. 그러한 원리의 한 유망한 후보로 우리는 하버마스가 실천적 규범의 타당성을 공정하게 근거 지울 수 있는 원리로서 제시한 담론원리를 생각할 수 있다. 담론원리에 의하면 "가능한 모든 관련 당사자들이 합리적 담론의 참여자로서 동의할 수 있는 행동규범만이

34 A. Honneth, *Freedom's Right: the social foundations of democratic life.*

타당하다."[35] 더욱이 하버마스에 의하면 "이 원리는 의사소통적으로 구조화된 삶의 형식 일반에 내장되어 있는 대칭적 인정관계를 반영한다는 가정에서 출발한다."[36] 그러니까 이 "대칭적 인정관계"를 사회적으로 분화되어 제도화되어 있는 인정원리들을 비판적으로 재구성하고 재해석할 때 그 규범적 기대지평을 제공하는 한 차원 높은 인정관계로 이해할 수 있다.

주지하다시피 하버마스는 담론원리를 법형식과 결합하여 민주주의 원리를 도출했다. 이것은 호네트가 정치적 차원의 인정원리로 간주했던 법적 존중을 담론원리와 결합한 것이라고 이해할 수 있다. 같은 방식으로 우린 **담론원리를** 사회적 노동 영역의 인정원리인 **성취원리와 결합**할 수 있다. 이 결합은 이론적 측면에선 하버마스의 소통이론이 실질적 동기부여의 차원에서 갖는 결함을 메우는 동시에 악셀 호네트의 인정이론이 규범적 타당성 차원에서 갖는 애매성을 넘어서는 길이 될 수 있을 것이다. 요컨대 이것은 하버마스의 소통 패러다임에 실존적 삶의 구체성을 제공하고 호네트의 인정 패러다임엔 이성적인 규범적 지평을 제공하는 방식으로 두 패러다임을 매개하는 길이 될 수 있다.

이렇게 담론원리와 결합된 성취원리를 **숙의적 성취원리**라고 불러 볼 수 있을 것이다. 이것은 성취원리의 해석을 시장에 맡기는 것이 아니라 시민들의 자유로운 토의를 통한 민주적 해석에 맡긴다는 것을 뜻한다. 그러니까 성취원리를 자본의 명령에 포섭시켜 해석하는 것이 아니라 민주주의의 요구에 따라 해석하는 것이다. 물론 이렇게 민주적 방식으로 사회적 공공성을 확립하는 것이 단순히 공적 숙의에 의한 집합적 해석만을 통해 이루어질 수는 없을 것이다. 오히려 관련 당사자들의 다른 방식을 통한 강력

35 J. Habermas, 『사실성과 타당성』, 161쪽.

36 J. Habermas, 위의 책, 163쪽.

한 인정투쟁도 필요할 것이다. 그것이 노동시간 단축과 일자리 나눔의 방식일 수도 있고, 시민노동 영역을 개척하고 확장하는 길일 수도 있고, 기본소득제도를 확립하는 길일 수도 있다. 그러나 어떤 길이든 그것이 경제논리에만 의거해선 이루어질 수 없다는 것은 분명하다. 그것은 시민들의 공적 숙의를 통해 이루어지는 민주적 해석투쟁을 겸하는 인정투쟁을 거쳐야 할 것이며, 또 이 경로를 통해 사회적 권리로서 법적 인정을 받을 때 비로소 그것이 우리의 자유의 사회적 하부구조로서 기능할 수 있는 사회적 공공성의 수립으로 이어질 것이다.

이렇게 성취원리와 공적 숙의를 결합한 숙의적 성취원리를 규준으로 하는 사회적 공공성을 우리는 민주적인 사회적 공공성이라고 부를 수 있을 것이다. 이것은 한편으로는 사회국가적 기획을 통해 설립되었던 사회적 공공성의 복구, 유지, 혹은 새로운 설립의 길을 열어 준다. 그러나 다른 한편, '민주적'이라는 형용어는 이 길이 단순한 사회국가적 공공성을 넘어선다는 것을 함축한다. 사회국가에서 확립된 사회적 공공성에선 노동자의 자율성이 집합적 방식으로 보장되었지만, 이것이 개인적 자율성의 보장으로 이어지진 못했다. 이것이 이른바 사회국가적 기획에서 발견되는 자유의 역설의 한 중요한 측면이었다. 신자유주의는 여기서 재빠르게 자유의 상실을 읽어 내고, 그것을 정반대의 방향으로 풀어 갔다. 즉 노동의 인정질서 속에서 사회적 공공성은 배제하고 사적 자율성만 제도화하되 자본축적의 명령에 봉사하는 방식으로 제도화하는 방식으로 그 문제를 해결했다. 자율성과 자기실현의 창의적 실험이란 이념까지 동원하여 제시된 그 해결책의 중심에 있는 것이 바로 연대 없이 가혹한 경쟁만 강요하는 유동화된 성취원리였다. 그리하여 '사회적 가치부여'에서 '사회적'이란 말에 함축되어 있던 연대성은 시장의 경쟁관계로 환원되어 버렸다.

이제 사회적 공공성에 덧붙인 "민주적"이라는 형용어의 의미를 좀 더 분명히 할 수 있을 것 같다. 그것은 노동 연대성을 중심으로 형성되는 사회적 공공성의 구조에 소통의 창을 내어 소통적 자유라는 의미의 자유의 공기를 채움으로써, 사적 자율성과 공적 자율성의 내적 연관을 확립한다는 것을 의미한다.[37] 그리고 성취원리를 담론원리와 결합하여 공적 숙의 과정을 통해 해석하는 것이 바로 사회적 공공성에 소통과 공적 숙의의 창을 내는 방식이 될 것이다.

노동의 사회적 인정의 영역은 체계통합의 명령과 사회적 통합의 명령이, 자본주의적 사회조직의 명령과 민주적인 사회조직의 명령이 첨예하게 부딪히는 영역이다. 이제 이 투쟁에 신자유주의적인 유동화된 성취원리와 민주적인 숙의적 성취원리 간의 투쟁이 추가된다. 이것은 자유와 강제의 매개를 자본축적의 원리에 봉사하는 방식으로 매개할 것인가, 민주적 자율성 원리의 확장이라는 요구에 따라 매개할 것인지를 놓고 벌이는 투쟁이 될 것이다. 이것 또한 인정투쟁이다. 그러나 이것은 주어진 인정의 원리 하에서 주어지는 투쟁이라기보다는 새로운 인정원리를 제도화하고 새로운 인정체제를 확립하기 위한 투쟁이다. 물론 이 투쟁의 운명은 열려 있다. 그러나 숙의적 성취원리는 담론원리의 도움으로 '사회적 노동'에서 '사회적'이란 용어의 의미지평을 확장하고, 이를 통해 신자유주의적 쿠데타의 한 가지 빌미가 되었던 후기 자본주의 자유의 역설에 빠지지 않으

37 그런 점에서, 사회국가적 기획과 신자유주의적 기획 사이엔 한 가지 공통점이, 즉 사적 자율성과 공적 자율성의 내적 연관이 무너졌다는 공통점이 있는 것 같다. 그리고 이 연관이 무너질 때 사실은 사적 자율성과 공적 자율성 어느 쪽도 온전할 수 없다. 이 연관에 대해선 J. Habermas, 『사실성과 타당성』, 175-190쪽. 물론 하버마스가 이에 반대하여 제시한 내적 연관 자체에도 문제가 없는 것은 아니다. 이 문제점에 대해선 박영도, "민주주의의 역설과 경계의 사유," 『사회와 철학』 18호, 357-390쪽. 그러나 적어도 신자유주의적 자유의 역설에 대한 비판에 있어선 그 문제가 핵심 쟁점이 되는 것은 아니라고 본다.

면서 민주적인 사회적 공공성의 기획을 가동시킬 수 있는 전망을 제공해 줄 수 있을 것이다. 이때 비로소 신자유주의적 쿠데타에 의해 뒤틀렸던 역사적 경로를 바로잡을 수 있는 전망도 함께 열릴 것이다.

**〈참고문헌〉**


김종엽, 「분단체제와 87년체제의 교차로에서」, 『창작과 비평』 41(3)( 2013), 466-489쪽.

문성훈, 『인정의 시대』(사월의책, 2014).

박영도, 「민주주의의 역설과 경계의 사유」, 『사회와 철학』, 18호(2009), 357-390쪽.

______, 『비판의 변증법』(새물결, 2011).

서동진, 『자유의 의지 자기계발의 의지』(돌베개, 2013).

정태석, 『행복의 사회학』(책읽는수요일, 2014).

한병철, 『피로사회』(문학과 지성사, 2012).

사카이 다카시, 『통치성과 자유』(그린비, 2011).

Bauman, Zygmunt, 『액체근대』, 이일수 옮김(강, 2009).

______, 『새로운 빈곤』, 이수영 옮김(천지인, 2010).

______, 『부수적 피해』, 정일준 옮김(민음사, 2013).

Foucault, Michel, 『사회를 보호해야 한다』, 박정자 옮김(동문선, 1998).

______, 『생명관리정치의 탄생』, 심세광 외 옮김(난장, 2012).

Habermas, Jürgen, 『의사소통행위이론 1, 2』, 장춘익 옮김(나남, 2006).

______, 『사실성과 타당성』(2판), 한상진 · 박영도 옮김(나남, 2007).

Holtgreve, U./Voswinkel, S. / Wagner, G., (Hg), *Anerkennung und Arbeit,* UVK Unviversitätverlag, Konstanz, 2000.

Honneth, Axel, 『인정투쟁』, 문성훈 · 이현재 옮김(동녘, 1996).

______, *The I in We, Cambridge,* polity, 2012.

______, *Freedom's Right: the social foundations of democratic life* (tr. by J. Garnal), New York, Columbia Univ. Press, 2013.

______, (Hg), *Befreiung aus der Mündigkeit,* Campus. F/m, 2002.

______, *et al.*(Hg), *Strukturwandel der Anerkennung,* Campus. F/m, 2013.

Honneth, Axel/ N. Fraser, 『분배냐 인정이냐?』, 김원식 · 문성훈 옮김(사월의책, 2014).

Hermann, Kocyba/Wilelm Schumm, "Begrenzte Rationailität-entgrenzte Ökonomie," in A. Honneth (Hg), 2002, pp.35-64.

Marshall, T. H., *Citizenship and Social Class,* London, Pluto Press, 1992.

Vorswinkel, S., "Bewunderung ohne Würdigung," in A. Honneth (Hg), 2002. pp.65-92.

Vorswinkel, S. /G. Wagner, 2013. "Vermessung der Anerkennung," in A. Honneth et. al. (Hg). 2013, pp.75-120.

3장

# 과두적 불평등[1]

- (최)상위계층에 있는 승자독식적 자리들

**지그하르트 네켈** (Sighard Neckel)

최근 한 논평에서[2] 미국의 경제학자이자 노벨상 수상자인 로버트 실러(Robert Shiller)는 로버트 프랭크(Robert Frank)와 필립 쿡(Philip Cook)의 명저 『승자독식사회』(1995)가 출간된 이후 사회과학에서 승자독식시장 연구로 알려진 분석들의 현재성을 한 번 더 강조했었다. 이 책의 한 중심 장은 증권 거래 및 기타 투기 활동을 위해 일하는 우수한 인재의 채용과 관련하여 대개는 전형적인 승자독식시장인 금융시장에서 시작된 잘못된 배분을 다루고 있다. 프랭크와 쿡은 승자독식시장들이 전체 경제력에 유익하게 기여하는 것보다 훨씬 더 많은 전문가를 배타적으로 높은 이익 기회로 유인하고 있음을 보여 주었다. 로버트 실러는 이 잘못된 인적 자원 배분의 결과인 직업적 재능 낭비와 관련해서 뿐만 아니라 금융산업에서 벌어지는 투기 활동의 거대한 부분은 경제와 사회에 무익하거나, 또는 몹시 유해하다는 비난과 함께 프랑크와 쿡의 분석을 새로이 했다.

1 이 글은 2014년 "WestEnd. Neue Zeitschrift für Sozialforschung" 11. 2호에 게재되었다.

2 Shiller 2013 참조.

## 1. 금융산업의 부정적 효과

실러 분석의 출발점은 미국에서 일하는 이들에게 지불되는 금액 중 금융부문 종사자들이 차지하는 몫이 꾸준히 커지고 있다. 이것은 좋은 자격을 갖췄을수록 이 몫은 더 커진다는 사실이다.[3] 2008년 금융 위기 직전 하버드대 졸업생의 25%, 예일대 졸업생의 24%, 프린스턴대 졸업생의 경우 심지어 46%가 금융 분야에서 자신들의 경력을 시작했다.[4] 이후 이 비율들이 떨어지긴 했다. 하지만 이 분야에서의 수입은 계속 높아졌다. 월가 종사자들의 수입을 뉴욕주 노동부가 2012년에 발표한 가장 최근 수치들에 관해 보도된 대로 나머지 뉴욕 샐러리맨들의 그것과 비교해 보자. 후자의 급여가 1987년 26,000달러에서 2012년 69,000달러로 2.5배 높아지긴 했다. 하지만 같은 기간 금융 분야에서의 평균 수입은 연간 69,500달러에서 최근 360,000달러로 5배 이상 높아졌다.[5]

소득 분배의 최상위에서 이는 확실히 더 분명하게 나타난다. 미국 가계 상위 1%는 미국 전체 소득의 24%를 차지한다. 1929년 대공황 이후 최고 수치다. 더 놀라운 점은 이 1%의 상위 10%가 미국 국민소득의 10% 이상을 소유하고 있고 이 초거부 중 60% 이상이 금융부문 최상위에 속해 있다는 것이다.[6]

실러에 따르면 증권 거래와 투기가 가져오는 사회적 효용이 적기 때문

3 (포스트)민주주의적, 금융시장추동적 사회에서 일어나고 있는 정치-경제적 권력 형태로서 '과두제'의 귀환이 이하에서 분석될 것이다. 여기서 나는 미국에서 나온 자료와 조사 결과에 주로 의지한다. 이는 해당 현상들이 미국에서만 발견될 수 있어서가 아니라 미국 사회과학에서 특히 잘 연구되었기 때문에 그런 것이다. 이에 상응하는 독일 내 발전과 경험 조사 결과를 위해서는 Neckel 2015 참조.

4 Shiller 2013 참조.

5 쥐드도이체차이퉁(Süddeutsche Zeitung) 2013년 10월 24일 판 20쪽 참조.

6 Lila 2012 참조.

에 [금융이라는] 단일 부문의 선두층에 재정적 수입이 그런 식으로 집중되는 것은 문제가 있다. 금융학 교수인 그는, 미국 증권 거래소에서 이루어지는 투기 거래의 상당 부분이 순수 지대추구행위이며 경제적, 정치적 환경의 착취에 기반하고 있음을 데이터를 가지고 증명한 미국 금융학 연구들에 동조한다.[7] 그는 다음과 같은 거리낌 없는 평가를 내린다. "다시 말해 투기 거래는 그렇지 않았다면 무상이었을 품목들에서 지대 징수를 가능케 하는 쓸데없는 활동이다." 실러는 강물 위에 미리 사슬을 쳐 놓고 도하(渡河) 요금을 징수한 봉건영주와의 비교로 금융 투기의 부정적 외부효과를 설명한다. 여기서는 봉건영주 말고는 누구에게도 효용이 생기지 않는다. 실러에게 이것은 근대적 형태로 현 금융계를 지배하고 있는 지대추구의 고전적 예이다. 특히 투자 사업에서 은행업자들은 점점 더, 이전엔 무상이었거나 아니면 국민경제상 무용한 또는 몹시 유해한 것을 대가로 돈을 요구하는 식이 아니라면 가치 창출에 있어 아무런 기여도 하지 않는 봉건영주처럼 행동한다. 예를 들어 2008년 금융 위기 과정에서처럼 부실 투자를 증서로 만들고 제3자에게 계속 판매한 경우가 그러하다. 배타적인 최상위 수입에 현혹되어 금융체계 속에 처박혀 있는 다수의 우수한 전문가들이 지닌 사회적 가치는 이런 식으로 사회에 해가 된다.

이런 맥락에서 로버트 프랭크와 필립 쿡의 개념을 들여오면, 금융산업의 최상위 소득에서 중요한 것은 지불 능력이 출중한 계급이다. 이것은 금융시장에서 자신들의 잉여투하자본(Anlagekapital)을 활용하게 하고 이를 위해 거래상, 펀드매니저, 투자분석가의 서비스를 필요로 하는 부유한 중산계급과 같은 의뢰인들에 의해 배타적 직업 집단의 주머니가 채워지는 딥포켓시장(deep-pocket-Market)에서의 수입이다. 부유한 구매자와 고객에

7 Bolton *et al*. 2012 참조.

집중된 수요는 특정 시장들에서 일어나는 지나치게 편중된 재정적 성공의 분배를 설명해야 한다면, 실제로 가장 중요한 경제 메커니즘 중의 하나이다.

## 2. 최고경영층의 지위시장

공급자 측에서도 특정 메커니즘들이 투기적 재정 특권에 의해 생겨난다. 토머스 디프레테(Thomas DiPrete)는 경영진 내 최상위 급여 시장을 위한 일종의 눈덩이 이론을 고안하여 미국 CEO들 소득의 급상승을 설명한다. 주식옵션을 포함한 이들의 전체 수입은 디프레테가 조사한 1993년부터 2005년까지 116% 증가했다. 반면 같은 시기 동안 미국 평균 연봉은 고작 15% 늘었을 뿐이다.[8] 디프레테는 미국 CEO들 내의 도약자들(Leapfroggers)이 거두는 비상한 성공을 그 원인으로 본다. 이들은 일정 시기마다 거듭해서 막대한 보너스 지급과 급여 상승으로 다른 CEO들의 수입을 앞지른다. 이들의 딥포켓수입(deep-pocket-Einkünfte)은 미국 경쟁사들의 감독이사회와 보수결정위원회에서 자사 경영진에 적용할 소위 '공정한 시장 가격'의 기준점으로 쓰인다. 그 결과 먼저 앞쪽으로 치고 나갔던 이들은 다음 시기에 비교 회사들 내 모든 CEO의 표준이 된다. 이로써 이런 방식으로 스스로를 위해 끊임없이 이익을 높일 수 있는 각 최고 수익자들에게 집중된 재정적 성공이 배타적 집단의 지위 경쟁에서 보편적 기준점이 된다. 전형적인 '매튜효과(Matthäus-Effekts)'[9]에 따른, 하지만 머튼(Merton)의 고전

8 DiPrete *et al*. 2010 참조.

9 Merton 1985 참조.

적 분석과 달리 특별한 명성을 쌓을 수 있었던 개별 행위자들이 아닌 어떤 폐쇄적 집단 전체에 관계한 누적 이득적 보상 체계가 생겨난다.[10] 인정과 특권이 거래되는 일종의 '지위시장(Statusmarket)'[11]이 이 집단의 기본 체계(Bezugssystem)에서 형성된다. 지위시장의 특징은, '품질'과 같은 가치 척도, 표준, 또는 '인습(Konventionen)'이 아닌 시장 행위자들이 구축한 사회 구조가 상품과 서비스의 가치 순위를 결정한다는 데 있다. 그러므로 지위 질서 내에서 어떤 지위(Statusposition)를 차지하고 있느냐에 따라 행위자가 받거나 내줘야 하는 것이 결정된다. 재정적으로 최상위에 있음을 서로 알아보는 지위가 높은 행위자들이 맞붙는다면, 이들이 거래하는 재화의 가치는 그 품질에 좌우되지 않는다. 그리고 지위시장에서 행위자들이 주목하는 것은 그와 같은 품질 척도가 아니라 거래된 재화를 이용해서 얻거나 확고히 하거나 잃을 수 있는 사회적 위치이다.

정확히 이것이 실력이라는 질에 따라서가 아니라 소스타인 베블런(Thorstein Veblen)[12]에 의하면 자기 집단 내 라이벌들과의 '질투로 가득 찬 비교' 속에서 보상이 이루어지는 경제적 최고경영층의 지위시장에서 벌어지는 일이다. 이 집단에서는 다들 가장 높은 보수를 받는 간부들과 CEO들의 서열 속에서 되도록 더욱더 위쪽에 자리 잡으려고 경쟁하며, 이 경쟁은 해당 수입이 어느 정도인지에 따라서만 판가름난다. 위신의 결정적 토대가 되는 것은, 다시 한 번 베블렌[13]에 의거하여 말하자면, 부(Reichtum) 그 자체이고 사회에서의 높은 위치는 순전히 금전의 양에 따라 정해진다. 실력과 성공의 연관성이 여기서 완전히 없어진다는 것은 디프레테의 연구

10 DiPrete/Eirich 2006 참조.
11 Aspers 2007, p.435 참조.
12 Veblen 1986, p.44 참조.
13 같은 책, p.43 참조.

에서도 확인된다. 그의 분석에 따르면 CEO들 내의 도약자들은 기업에서 빈번히 손쉬운 승리를 거둔다. 하지만 기업은 도리어 그저 그런 실적을 내고 기업 운영과 감독에 있어 추가적으로 취약해진다. 회사에 다시 금전적 축복을 가져다주는 기업의 메시아라는 희망, 그리고 미약한 경영진 통제, 이 둘이 누적 이득을 누리고 보전케 하는 유리한 기회구조의 토대를 놓는다.

그러한 전략들은 기업 수뇌부의 지시에 따라 미리 행정위원회에 받아들여져 있던 기업 수뇌부의 특전을 이 위원회에 있는 행위자들이 표결에 부칠 수 있는 기업지배구조 내에서 더 쉽게 실현된다. 여러 회사의 감독위원회 간에 인적 중첩이 이루어지면, 어떤 폐쇄적 집단 전체의 이익을 증대시키는 상호 우대적 원형(圓形) 교환이 발생한다. 그러한 우대가 해당 회사의 위임을 받은 외부 컨설턴트사에 의해 사정(査定)받는 일은 드물지 않다.[14]

승자독식이론에서 생긴 '배분상의 차별'[15]이라는 개념이 잘 알려져 있다. 이 개념은 행위자들이 가령 귀속적(askriptiv) 특징으로 인해 성공에 필요한 경제적 자원을 이용하는 데 있어 불이익을 받는 것을 설명해 준다. 이와 반대로 경제상 최고경영층의 경우에는 '배분상의 특권화'가 있다. 이는 본질적으로 특권화 주창자들이 점한 지위와 그들이 편입되어 있는 사회적 결합태(Figuration)에서 기인하다. 성공에 필요한 재정적 자원이 철저히 경제적 합리성에 따라 이용되는 것은 아니다. 만약 그렇다 한다면 기업들은 지위시장에서 끊임없이 더 높아진 가격을 치르지 않으려고 자신들의 CEO를 제어할 것이다. 그리고 각 기업은 라이벌 회사에서 간부 급

14 Grusky/Weeden 2011, p.95 참조.

15 Lutter 2012, p.8.

여가 극단적으로 높아지고 이것이 얼마 있지 않아 경영진의 보수 결정에서 새 평가 토대로 자사를 괴롭힐 경우 재정적으로 벌 받았다고 여길 것이다. 최고경영층의 승자독식시장에서 성공에 결정적인 것은 시장 수요가 아니다. 오히려 그것은 기업과 주주의 부담으로 서로 이득과 특권을 챙겨줄 수 있게 하는 우대 집단의 지위이다. 그러한 전략은 높은 유사성을 보여 서로 비교되고 자기 특권화를 위해 기업 운영을 기회구조로 전환시킬 수 있는 간부진과 감독이사회에서 위계적 위치를 점한 폐쇄적 집단의 사회적 구조를 통해 실현된다.

피에르 부르디외(Pierre Bourdieu)는 자본주의에서 경제적 행동을 결정하는 물질적 관행들(materiale Praktiken)을 일종의 "실천된 철학(gelebte Philosophie)"[16]이라고 부른 적이 있다. 이 철학은 역사가 진행되면서 서서히 완성되기에, 처음에 그것은 종국에는 시장의 경제적 규칙들이 객관적이며 이론의 여지가 없는 것으로, 이익극대화의 합리적 행위자가 경제적 행동에서 실질적 의미의 화신으로 나타나는 데 필요한 전제를 창출한다. 다른 말로 경제 행위는 현 경제체제에 제도화되어 있듯, 역사의 산물이자 현실의 사회적 구성의 결과물이다. 또는 이보다 더 경제학자들을 당혹케 할 수는 없을 한 문장으로 부르디외가 말한 적이 있듯, "경제는 사회학의 특수사례이다".[17] 경제 논리가 사회적 관계의 논리에 예속되지 않은 채로 존재한 적은 없다. 오히려 전자는 후자에 의해 깊이 각인 받고 형성된다.

이를 고찰하는 것은 기업 최고위층에서의 승자독식전략은 피에르 부르디외(1976)가 이전에 알제리 카빌 부족(Kabyle)에게서 발견한 '명예의 상징경제'의 근대적으로 변형된 상위계층과 관련한다는 것을 이해하는 데 이바

16 Bourdieu 2000, p.27.

17 Bourdieu 1997, p.84.

지할 것이다. 최고경영층의 지위시장은 상징 재화들의 경제에 공헌하는데, 이 시장에서 다뤄지는 금전적 가치가 경제적 권력결합태(Machtfiguration)에서의 서열 지표이기 때문이다. 인정은 점점 순수 금액의 모습을 띠게 된다. 금액은 인정의 측면에서 보면 본질적으로 지위 상징이다.

## 3. 슈퍼스타 경제

그와 같은 권력결합태들에서의 행위 규칙들은 경제학의 주제이기도 했다. 가장 유명한 것은 간혹 언론에서 살찐 고양이이론(Fat Cat Theory)이라고 일컬어지는 분석으로서, 실력을 보여 주지 않고도(leistungslos) 오랜 기간 자사에서 소득과 지대를 뽑아내는 지대추출[18] 또는, 로버트 실러에게서처럼, 지대추구행위로 일컬어지는 것을 하는 경영자의 권력을 다루고 있다. 그러한 지대는 직접적인 지불, 특전, 보장된 상여금 또는 연금 청구권으로 발생할 수 있다. 이 경우 실력 경쟁을 제한하거나 완전히 무력화하고 기업 이해관계자(Stakeholder)에게 부담 지우는, 바로 그렇게 하여 승자독식 원칙에 따른 급여 지급에 기반을 둔 소득 분배로 이어지는 특별한 권리가 우대자들에게 배분된다.

최고경영층의 재정적 우대가 얼마나 포괄적으로 특권 보장과 유리한 기회구조 이용이라는 사회적 전략에 기반하고 있는지를 분명하게 보여 줄 때, 이런 맥락에서 승자독식시장에 대해 말하는 것이 얼마나 가당키나 한 것이냐는 물음이 생길 수 있다. 왜냐하면, 이 전략들의 성공은 바로 경합과 경쟁 같은 주요 시장원칙들을 배제하거나 그것들의 효과를 최소화하는 데

18 Bebchuk *et al*. 2002.

기반하고 있기 때문이다. 더군다나 승자독식적 자리 따위는 신고전주의 경제학의 이념형적 시장 이해에서 결코 있어서도 안 된다. 완전경쟁이라는 조건하에서 수익률은 모든 동종의 자산(Aktiva)에서 똑같아야 하고 실물자본과 인적 자본에 대한 투자에 정확히 정비례하기 때문이다.[19] 경제학의 표준이론에는 한 사람의 수입이 '한계생산성'의 가치에 상응한다는 법칙이 있다. 해당 수익자의 실력에 의한 기여를 기업이 이용하지 못해서 생긴 이익손실(Gewinneinbuße)도 한계생산성으로 명시된다.

경제학의 표준이론 논증이 미국 CEO들에 대한 승자독식적 급여 지급과 관련해서 얼마나 취약한 토대 위에 있느냐를 놓고 최근에 한 번 더 격렬한 논의가 벌어졌었다. 이 논의의 불을 지핀 것은 한 저명한 학자가 미국경제학회(American Economic Association)의 기관지인 『경제전망저널(Journal of Economic Perpectives)』에 발표한 「1퍼센트 대변하기」라는 논문이었다. 그 저자인 현 하버드대 경제학 과장이자 부시 정부의 수석경제학자였던 그레고르 맨큐(Gregory Mankiw)는 상위 1%의 고소득을 설명하는 것은 시장방해 같은 게 아니라 최상위 사람들의 이례적인 생산력이라고 주장한다.[20] 그러면서 스티브 잡스(Steve Jobs), J.K. 롤링(J.K. Rowling), 스티븐 스필버그(Steven Spielberg)와 같은 슈퍼스타들과 미국 CEO들의 비교만으로 이 1%의 수입을 정당화한다. 그런 사람들의 창의적 발명이 높은 수요를 창출했을 거고, 그래서 이들의 출중한 실력과 이들이 만든 유일무이한 상품들의 사회적 가치에 기반하는 딥포켓시장이 생겨나는 거라고 한다. 그래서 맨큐에 따르면 최상위와 비교했을 때 불평등이 덜하다는 것은 창의성이 덜하다는 것을 뜻한다. 물질적 불평등의 증대는 비범할 정도로 창의

19 Berger 2004 참조.
20 Mankiw 2013 참조.

적인 실력을 위해 현대사회가 지불해야 하는 대가라고 한다.

여기서 슈퍼스타와의 비교는 최상위 소득들의 절대적 비교불가능성은 투입 자산들의 절대적 이질성 때문이라는 논증을 하기 위한 것이다. 하지만 한편으로 가령 최상위 수입자에 대한 세율이 높아져 이들의 수입이 줄어들 경우 스티브 잡스, J.K. 롤링 또는 스티븐 스필버그의 창의력이 정말로 눈에 띄게 줄어들 것이냐는 물음이 생긴다. 그랬을 경우 『해리 포터』가 청소년 독자들을 덜 사로잡았을 거라는 납득할 만한 이유는 없다. 다른 한편 경제전문지 『이코노미스트』는 맨큐의 논문에 대한 논평에서 CEO로 미국 기업들을 이끄는 이들은 보통은 슈퍼스타가 아니라는 점을 제대로 지적했다. 2012년 가장 높은 보수를 받은 미국 최고경영자는 존 해머그렌(John Hammergren)으로 제약회사 매케슨(McKesson)을 이끄는 대가로 자그마치 1억 3100만 달러에 달하는 연봉을 받았다.[21] 존 해머그렌이 이 회사를 이끌지 않았다면 다른 이가 이끌었을 것이다. 시장소득에 관한 경제학의 표준이론은 특정 행위자들은 이례적으로 높은 급여를 받기 때문에 틀림없이 그에 상응하는 높은 이득을 기업에 가져다줬을 거라는 순환논증에 빠진다. 이 이론에 따르면 상응하는 높은 한계생산성 없이 그러한 높은 수입은 절대 발생하지 않을 것이다. 하지만 실제로는 최고경영층 수입의 비약적 상승을 이들 생산성의 급격한 상승의 결과로 돌릴 수 있는 단 하나의 경제적 요인도 없다. 오히려 이 급속한 소득 상승은 한 CEO가 자기 실력으로 기여할 수 있는 것보다 훨씬 더 많은 수입을 기업으로부터 뽑아낼 수 있는 기회의 뚜렷한 상승에서 기인한다.

21 The 1 percent needs better defenders, The Economist, 17. June 2013 (http://www.economist.com/blogs/democracyinamerica/2013/06/inequality).

## 4. 지대 특권

특전으로 회사에서 뽑아낸 지대의 취득은 최상위에서의 유례없는 금전적 성장을 가져올 뿐만 아니라 사회 불평등 구조도 총체적으로 변화시킨다. 국제적으로 손꼽히는 사회구조 연구가인 스탠포드대학교 데이비드 그루스키(David Grusky)는 지난 30년간 일어난 사회 불평등 심화의 결정적 이유마저 다양한 계급들이 소유하고 있는 지대의 상이한 크기에서 찾고 있다.[22] 최저임금이 경제적으로 가치 절하된 만큼 하위계층에서는 지대파괴 정책이 이루어져 왔다고 한다. 반면 사회구조의 최상위에서는 지대창출 전략이 특히 최고경영층에 과도한 수입을 보장함으로써 지속적 성공을 거두어 왔을 것이다. 보장됐던 급부청구권들(Leistungsansprüche)이 저소득자에게서는 노조와 임금 협약의 약화로 분쇄되었지만, 사회적 서열의 특권층(Beletage)에서는 견고하게 새로 생겨났다. 바로 이 부분에서 그루스키는 계급편향적인 제도적 변화에 관해, 그리고 지대창출과 지대파괴의 불균형이 불평등 형성에 가장 많은 기여를 했을 거라고 말한다. 독일과 관련해서 이 계급편향적인 제도적 변화는 다양한 사회계급들에 아주 다르게 영향을 끼치는 '불균등 시장화(Patrick Sachweh)'의 장기적 발전이라고 일컬어질 수도 있다. 하위계층은 첨예화된 경쟁 압력과 탈규제된 노동시장의 수요 규칙에 노출되어 있고 보장된 청구권들에 점점 덜 의지하게 된다. 반면 시장과정과 경쟁이 작동하지 않도록 함으로써 최대 소득에 대한 보장된 청구권들을 확립하는 수많은 제도가 기업의 소득최상위를 위해 만들어졌다.

그와 같은 최대 소득을 얻는 데 있어 회사 지도부 내부의 지대추구전

22 Grusky/Weeden 2011 참조.

략 외에 중요한 것은 정부가 최상위 수입자들에게 일반적으로 보장해 주는 이점들이다. 조지프 스티글리츠(Joseph stiglitz)는 1%의 최고 부자들에게 이로운 이 정치적 구조들과 메커니즘 중 몇몇을 『불평등의 대가』에서 언급했다.[23] 그는 우선 중앙은행과 같은 국가 기관들(Instanzen)과 감독위원회들을 다룬다. 이것들의 통제 대상이 동의하지 않는 임용은 사실상 관철될 수 없다. 최근에 미국에서뿐만 아니라 유럽 금융정책에서도 지도적 위치는 줄줄이, 특히 골드만삭스(Goldman Sachs) 출신 최고경영자들(Top-Manager)의 차지였다. 골드만삭스 유럽지부를 이끌었던 유럽중앙은행 총재 마리오 드라기(Mario Draghi)가 가장 좋은 예이다. 이와 관련해서 중앙은행들이 금융위기와 뒤이은 유로화위기 과정에서처럼, 극단적 저금리로 신용은행들에 무제한적 유동성을 허락하면서 동시에 더 높은 금리로 자국과 외국 정부들에게 신용을 제공하도록 허용한다는 것은 별로 놀랍지도 않다. 실질적으로 이는 이 금융기관들의 주주들에게 수백만 유로에 달하는 국가적 선물을 제공했음을 뜻한다. 대부호들이 이익을 보는 지속적인 감면 정책 역시 국가적 선물경제(Gabenökonomie)로 이해될 수 있다. 이 경우에도 부(Vermögen)는 실력에 의한 기여를 통해서가 아니라 최상위를 위한 정치적 재분배를 통해 생겨난다.

## 5. '재산수호산업'의 정치적 권력

최고경영층뿐만 아니라 특히 부유한 투자자나 자본소유주로 구성된 경제적 상위계층에서 승자독식원칙에 따라 축적된 것이 오직 부만은 아니

23 Stiglitz 2012, p.28 참조.

다. 정치권력의 분배도 새로운 초거부계급의 영향 아래에서 점차 승자독식이라는 기본원칙에 따라 형성되고, 그 결과 가장 부유한 사회집단은 평균적 시민 모두를 합친 것보다도 더 많은 권력을 가진다. 이런 맥락에서 미국 정치학자 제프리 윈터스(Jeffrey Winters)는 '물적 권력지수'를 고안하여 주민들 내에서 정치적 영향을 미칠 수 있는 기회를 재산 등급에 따라 측정했다.[24] 그는 미국 정치체계가 총 유권자 내에서 작은 집단에 불과한 가장 부유한 시민들의 이해관계에 이례적으로 민감하게 반응하는 이유를 투표 권력만으로는 설명할 수 없다고 상정하면서 시작한다. 지난 수십 년간 미국은 엄청난 거부들(Ultra-Reiche) 및 이들이 지배하는 기업과 은행을 위한 감면 정책을 추진해 왔다. 그 원인을 윈터스는 비싼 변호사, 공인회계사, 세무사, 로비스트라는 무적함대 전체가 조직화된 형태로 추구하는 재산 수호에서 찾고 있다. 이 재산 수호의 정치를 후원하는 것은 특정의 언론, 싱크탱크, 개별 결정자, 선거 후보, 티파티(Tea Party) 같은 정당 내 집단들을 위한 수백만 달러에 달하는 모금 운동이며, 이들은 초거부들이 먹여 살리는 '재산수호산업'의 성공을 정치적으로 보장하지 않을 수 없다. 윈터스의 계산에 따르면, 비용이 많이 드는 이 산업에 일을 줄 경우 연 소득 400만 달러는 되어야 이익을 본다. 조사가 이루어진 2007년 오직 15만 명의 미국인만이 이 연소득을 달성했다. 수적으로 무시할 만한 이 집단은 그럼에도 불구하고 세율을 낮게 유지하는 데 성공했다. 그 한 결과, 지난 대선 선거운동에서 연 소득이 2200만 달러에 달하는 공화당 후보 미트 롬니(Mitt Romney)는 2010년 정확히 14%를 세금으로 납부했다고 공표할 수밖에 없었다. 이후 거물 투자자 워런 버핏(Warren Buffett)은 그의 세율이 자기 비서보다 훨씬 낮다고 말하기도 했다.

24 Winters 2011a; Winters 2011b 참조.

윈터스는 미국에서 부자와 초거부들이 자기 재산상의 이익이 침해되지 않도록 재력을 바탕으로 사실상 비토(Veto)할 수 있는 권력을 행사한다는 점에서 이들이 거둔 성공의 원인을 찾는다. 각각의 순재산을 측정하여 물적 권력지수에 따라 나타내면, 가장 부유한 미국인 1퍼센트인 약 300만 명에 달하는 부자들이 미국인 평균보다 100배 이상 더 많은 권력을 가지고 있다. 하지만 무엇보다 가장 큰 차이는 상위 1%에서 대부분의 부를 소유한 상위 0.1%만을 고려할 경우 나타난다. 그러니까 400명을 조금 밑도는 이 사람들이 나머지 3억 1700만 미국인보다 거의 22,000배 더 많은 권력을 가지고 있다. 이는 윈터스에 따르면 로마제국에서 원로원과 노예 간에 존재했던 것만큼이나 큰 권력 격차라고 한다.[25]

정치 선거의 양식에서 완전히 동떨어지고 오로지 가장 부유한 인구집단들의 경제적 자기 이해관계에만 공헌하는 그러한 권력 행사가 다양한 목소리의 공적 비판을 받고 사회과학 내 수많은 비판적 분석의 대상인 된다는 것은 놀랍지 않다. 콜린 크라우치(Colin Crouch)(2008 [2003])는 경제적 사적 이해관계에 따라 공동체의 제도를 결정하는 세계 경제엘리트의 관철력에 포스트민주주의라는 자신의 테제로 반응했다. 포스트민주주의적 관계는 경제적으로 힘 있는 사적 개인들의 폐쇄적 집단에서 생겨난 민주적으로 통제되지 않은 권력이 경제적 분배의 주요 정치 현안들에 자리 잡았음을 그 특징으로 한다.

어떤 개념이 그런 종류의 특권화 조직 형태에 적합하냐는 사회학적 물음이 생긴다. 영국의 콜린 크라우치나 퍼디낸드 마운트(Ferdinand Mount)(2012), 미국의 제프리 윈터스, 독일의 볼프강 스트렉(Wolfgang Streeck)(2013) 같은 저자들은 이 부분에서 주저 없이 새로운 과두제가 형성되고 있다고

25 Winters 2011a, p.215; Winters 2011b, p.22 참조.

말하고, 1990년 이후 특히 러시아, 우크라이나, 싱가포르 또는 중국의 정치적 무대 뒤에 있는 경제적 실력자들을 위해 쓰였던 한 범주를 활용한다.

이 국가들에서 권위주의적 정부체계들이 경제적 이해관계의 정치적 관련 틀이라면, 서구의 과두제들은 이해관계를 관철하는 두 모순된 형식인 민주제와 과두제(Oligarchie)가 한 정치체계 내에 공존하고 있다는 점을 그 특징으로 한다. 그렇기에 최근의 연구는 오늘날 서구 자본주의에서 우리는 소위 '시민적 과두들(zivile Oligarchien)'(Jeffrey Winters)을 상대하고 있다고 말한다. 이 과두들은 과거의 호전적, 지배적 또는 술탄적(sultanisch) 과두들과 달리 스스로 통치하지 않고 법치국가에 기반을 둔다. 그리고는 자기 재산상의 이익을 위해 그것에 현저한 영향력을 가한다.

플라톤과 아리스토텔레스 이후 '과두제'는 사리사욕적 목적을 위한 소수의 (무법) 지배로 이해되어 왔다. 과두는 '엘리트'와 다르다. 엘리트는 유세 있는 직책이나 관직을 맡을 수 있긴 하지만 반드시 부유할 필요는 없다. 현대의 시민적 과두의 경우 이는 정반대다. 예외가 [가령 미트 롬니] 있긴 하지만 시민적 과두는 보통 직접적인 정치권력 행사를 자제한다. 그리고 과두는 사회적 분업에서 전문가의 지위를 차지할 기능 엘리트를 형성하지도 않는다. 오히려 현재의 민주주의에서 과두는 재산 수호라는 공통된 명령하에 서로 연합하기 위해 자신들의 정치적 특혜에 불완전하게 입장을 같이할 수밖에 없는, 경제적으로 힘 있는 노획공동체(Beutegemeinschaften)이다. 게다가 직접적으로는 정치적으로 자제하고 있다 하더라도 과두는 거대한 재정적 힘을 토대로 자신들의 경제적 결정에 국가와 사회를 종속시킬 수 있는 정치적으로 몹시 효과적인 위치에 있다. 이로써 시민적 과두는 결정적으로 자신들에게 유리하게 민주적 제도와 특권화된 경제적 이해관계 간의 균형을 변화시킨다. 국가들은 볼프강 스트

렉의 말로 하면[26] "세계적 투자자 과두의 위임을 받은 수금 대행사"로 행동하도록 강요받은 것처럼 보이고 대형은행들의 금융자본에 종속된 채무국들에 대한 요구를 유럽연합과 같은 곳에서 대신 관리한다고 할 수 있을 정도다.

## 6. 경제 상위계층의 재봉건화

정리해 보자. 지난 20년 동안 미국뿐만 아니라 다른 곳에서도 사회구조의 최상위를 극히 일방적으로 우대해 온 과두적 불평등 형태들이 등장했다. 이 현저한 사회 불평등 심화가 드러나는 승자독식적 자리들은 지대추구나 지대추출과 같은 특권 보호의 사회적 전략들에서 연원(淵源)한다. 경합과 경쟁 같은 주요 시장원칙들의 미작동 아래 이 전략들의 목적은 평균소득과 비교조차 불가능한, 실력에 기반하지 않은 재정적 성공들이 보장된 최대소득 지불을 통해 이루어질 수 있는 유리한 기회를 최고경영층의 지위시장에서 이용하는 데 있다. 세계 금융시장에서 대형 자본소유주 및 부유한 투자자와 함께 최고경영층은 정치적 상향 재분배로 국가적 우대를 받는 신분적으로 특권화된 폐쇄적인 경제 권력자 계급을 이룬다. 역으로 이 새로운 경제적 과두의 정치권력은 오늘날의 포스트민주주의 국가들에서 증대되고 있다. 특히 이들은 이 정치권력을 모든 재산상의 이익 침해에 비토할 수 있는 힘으로 이용한다. 현대 금융자본주의에서 새로운 과두들의 경제적 수입원은 사회적 가치 창출에 해로운 결과를 가져오거나, 또는 이 가치 창출에 무용하거나 지장을 주기 때문에 이들에 의한 경제적,

26 Süddeutsche Zeitung 2012년 4월 18일.

정치적 환경의 착취는 많은 부정적 외부효과를 발생시킨다.

특히 이 수입원의 경제적 무용성을 근거로 본고의 출발점으로 되돌아가 로버트 실러는 새로운 과두 내부의 투자은행가들을 '봉건영주'라 일컬음으로써 현대(modern) 금융계급의 지위를 특징지었다. 현 과두의 수중에서 이루어지는 경제 권력과 정치권력의 통합 또한 국가와 시민사회, 정치와 시장, 법과 경제, 공적 의사결정과 사적 이해관계 간의 영역 분리가 대체로 아직 존재하지 않았던 전근대적 계급 형성을 상기시킨다.

그렇지만 근대적 과두제 하에서 이루어진 승자독식전략의 과도한 사회적 발전이 단순히 봉건 귀족과 그들의 호화로운 과시가 있는 전(前)시민적 세계로의 복귀를 의미하지는 않는다. 현재의 과두적 불평등이 근대 사회의 영역 분리를 하나씩 하나씩 제거해 가는 기능적 탈분화의 결과로 분명 잘 설명될 수 있기는 있다. 하지만 국가적, 금융경제적 대행사들의 활동들이 강도 높게 얽힌 채 상호 관철되고 권력 조직화가 가치 회수와 결합한 곳에서, "기능적 분화의 개념들로는 설명될 수 없는"[27] 정치-경제적 권력 결합태가 근대적 과두제의 형태로 확인될 수 있다.

이는 본고에서 서술된 과두적 불평등의 과정들과 현상들에 시사하는 바가 많을 사회이론적 진단들에 물음을 던진다. 이에 대한 내 대답은 이렇다. 현 근대사회는 금융자본주의에 의해 유발된 재봉건화라는 열린 과정 중에 있다.[28] 재봉건화는 이전에 『공론장의 구조변동』에서 이 개념을 창안한 위르겐 하버마스(Jürgen Habermas)에 의거하여, 경제적 독점 형성 과정에서 일어나는 시민사회로의 전(前)시민적 권력 형태의 귀환으로 이해될 수 있다. 이는 이미 하버마스에게서도 그러했듯, 시민사회 발전의 특정 지점

27 Vogl 2013, p.15.

28 Neckel 2011; Neckel 2013 참조.

에서 다시 모든 것이 귀족들이 농촌 주민들로부터 지대를 짜내고 무제한적 권력을 소유했던 이전처럼 되어 가고 있음을 뜻하지 않는다. 사회사는 어느 때든 다시 일어날 수 있는 TV 연속극이 아니다. 사회 변동은 수많은 역설로 만들어진다. 역사를 장기적으로 바라보면, 이전에 시장에서 경쟁을 통해 유복함과 영향력을 얻은 경제 시민계급의 가장 부유한 일부가 오늘날 과거 귀족 국가의 상위계층처럼 지대 뽑아내기 및 권력 독점화와 같은 수단들로 자기 자리를 공고히 하고자 하는 것도 이러한 역설 중의 하나이다. 그렇다고 해서 이것이 쇠망 과정으로, 구시대로의 귀환으로 일어나는 건 아니다. 오히려 그것은 결국 연간 이자수익, 특권, 권력 독점으로 이어지고 사회 불평등의 전근대적 전형을 가장 근대적인 형태로 다시 시대에 맞게 만드는 경제적 근대화 과정들의 결과이다. 현 경제적 과두들이 차지한 승자독식적 자리들은 그 분명한 실례이다.

(번역: 김주호)

## 〈참고문헌〉


Aspers, Patrik, 2007, "Wissen und Bewertung auf Märkten," in: *Berliner Journal für Soziologie,* Jg, 17, pp.431-449.

Bebchuk, Lucian A./Jesse M. Fried/David I. Walker, 2002, "Managerial Power and Rent Extraction in the Design of Executive Compensation," in: *University of Chicago Law Review,* Vol. 69, pp.751-846.

Berger, Johannes, 2004, "Über den Ursprung der Ungleichheit unter den Menschen, Zur Vergangenheit und Gegenwart einer soziologischen Schlüsselfrage," in: *Zeitschrift für Soziologie,* Jg. 3, H. 5, pp.354-374.

Bolton, Patrick/Jose A. Scheinkman/Tano Santos, 2012, *Cream skimming in financial markets* (http://www.princeton.edu/~joses/wp/creamskimming.pdf.).

Bourdieu, Pierre, 1976, *Entwurf eine Theorie der Praxis auf der ethnologischen Grundlage der kabylischen Gesellschaft,* Frankfurt a. M.: Suhrkamp.

______________, 1997, "Für einen anderen Begriff von Ökonomie," in: Pierre Bourdieu (ed.), *Der Tote packt den Lebenden, Schriften zu Kultur & Politik 2,* Hamburg: VSA, pp.79-100.

______________, 2000 [1977]: *Die zwei Gesichter der Arbeit, Interdependenzen von Zeit- und Wirtschaftsstrukturen am Beispiel einer Ethnologie der algerischen Übergangsgesellschaft,* Konstanz: UVK.

DiPrete, Thomas A./Gregory M. Eirich, 2006, "Cumulative Advantage as a Mechanism for Inequality: A Review of Theoretical and Empirical Developments," in: *Annual Review of Sociology,* Vol. 32, pp.271-297.

DiPrete, Thomas A./Gregory M. Eirich/Matthew Pittinsky, 2010, "Compensation Benchmarking, Leapfrogs, and the Surge in Executive Pay," in: *American Journal of Sociology,* Vol. 115, No. 6, pp.1671-1712.

Frank, Robert H./Philip J. Cook, 1995, *The Winner-Take-All Society: Why the Few at the Top Get So Much More Than the Rest of Us,* New York: Free Press. [로버트 H, 프랭크, 필립 쿡, 『승자독식사회』, 권영경, 김양미 옮김(웅진닷컴, 2008).]

Grusky, David B./Kim A. Weeden, 2011, "Is Market Failure Behind the Takeoff in Inequality?," in: David B. Grusky/Szonja Szelényi (ed.), *The Inequality Reader: Contemporary and*

*Foundational Readings in Race, Class, and Gender,* 2nd Edition, Boulder: Westview Press, pp.90–97.

Lila, Mark, 2012, "The New American Class Divide," in: *IWMpost, Magazine of the Institute for Human Sciences Vienna,* No. 110, May–August, pp.23–24.

Lutter, Mark, 2012, *Soziale Strukturen des Erfolgs: Winner-take-all-Prozesse in der Kreativwirtschaft, MPIfG Discussion Paper 12/7,* Köln: Max–Planck–Institut für Gesellschaftsforschung.

Mankiw, N. Gregory, 2013, "Defending the One Percent," in: *Journal of Economic Perspectives,* Vol. 27, No. 3, pp.21–34.

Merton, Robert K, 1985 [1968]: Der Matthäus–Effekt in der Wissenschaft, in: Robert K. Merton, *Entwicklung und Wandel von Forschungsinteressen, Aufsätze zur Wissenschaftssoziologie,* Frankfurt a. M.: Suhrkamp, pp.147–171, [로버트 머튼, 『과학사회학 1』, 석현호, 양종회, 정창수 옮김(민음사, 1998).]

Mount, Ferdinand, 2012, *The New Few, or: A Very British Oligarchy, Power and Inequality in Britain Now,* London: Simon & Schuster.

Neckel, Sighard, 2011, "Refeudalisierung der Ökonomie, Zum Strukturwandel kapitalistischer Wirtschaft," in: *WestEnd, Neue Zeitschrift für Sozialforschung,* 8. Jg., H. 1, pp.117–128.

______________, 2013, "'Refeudalisierung' – Systematik und Aktualität eines Begriffs der Habermas'schen Gesellschaftsanalyse," in: *Leviathan,* 41. Jg., Nr. 1, pp.39–56.

______________, 2015, "Die Ungleichheit der Märkte," in: Steffen Mau/Nadine M. Schöneck (ed.): *(Un-)Gerechte (Un-)Gleichheiten,* Berlin: Suhrkamp, pp.93–103.

Shiller, Robert J., 2013, "The Best, Brightest, and Least Productive?," in: *Project Syndicate, The World's Opinion Page,* 20. September, http://www.project-syndicate.org/commentary/the-rent-seeking-problem-in-contemporary-finance-by-robert-j--shiller.

Streeck, Wolfgang, 2013, *Gekaufte Zeit, Die vertagte Krise des demokratischen Kapitalismus, Frankfurter Adorno-Vorlesungen 2012,* Berlin: Suhrkamp.

Stiglitz, Joseph A. 2012, *The Prize of Inequality,* New York: Norton, [조지프 스티글리츠, 『불평등의 대가』, 이순희 옮김(열린책들, 2013).]

Veblen, Thorstein, 1986 [1899], *Theorie der feinen Leute, Eine ökonomische Untersuchung der Institutionen,* Frankfurt a. M.: Fischer. [소스타인 베블런, 『유한계급론』, 김성균 옮김(우물이있는집, 2012).]

Vogl, Joseph, 2013, "Funktionale Entdifferenzierung," in: *Pop, Kultur und Kritik,* H. 3, pp.10–16.

Winters, Jeffrey A., 2011a, *Oligarchy, Cambridge:* Cambridge University Press.

________________, 2011b, "Oligarchy and Democracy," in: The American Interest, Vol. VII, No. 2, pp.18–27.

**이창남**

한양대학교 비교역사문화연구소 교수. 논문으로 「비교문학의 과제와 문학적 트랜스내셔널리즘」(2015), 「냉전기의 적과 동지, 그리고 벌거벗은 생명의 파톨로지」(2014)외 다수가 있으며, (편)저서로 *poesiebegriff der Athenauemszeit*(2005), 『이중언어작가 – 근현대 문학의 트랜스내셔널한 기원을 찾아서』(2013) 등이 있고, 역서로 『독서의 알레고리』(2010), 『폴 드 만과 탈구성적 텍스트』(2007)가 있다. 현재 문학과 역사의 경계 지점에서 언어, 폭력, 도시 등을 주제로 연구하고 있다.

**심정명**

한양대학교 비교역사문화연구소 HK연구교수. 논문으로 「3.11과 전후의 끝: 무의미한 죽음과 애도의 문제」, 「'일본' 소설과 '한국' 독자의 상상의 공동성: 오쿠다 히데오 『남쪽으로 튀어!』를 중심으로」, 「경계를 묻는 문학적 실천: 이시무레 미치코 『고해정토』로부터」가 있으며, 번역서로 『유착의 사상』, 『스트리트의 사상』 등이 있다. 현재 재난의 표상, 원폭과 전쟁에 관한 기억 등을 주제로 연구하고 있다.

**노용석**

부경대학교 국제지역학부 교수. 논문으로 「사장님이 되었던 빨치산 : 어느 남부군 대원의 생애와 빨치산 활동의 회고」(2016), 「'장의'에서 '사회적 기념'으로의 전환: 한국전쟁 전후 민간인피학살자 유해 발굴의 역사와 특징」(2015)이 있고, (편)저서로 『라틴아메리카의 인권과 국제개발협력』(2015), 『라틴아메리카의 과거청산과 민주주의』(2014)가 있다. 현재 과거사 청산 문제 및 라틴아메리카 문화인류학 등을 주제로 연구하고 있다.

**문성훈**

서울여자대학교 교양학부 교수. 프랑크푸르트학파 기관지 『베스텐트』 한국판 책임편집자로 활동하고 있으며, 〈교수신문〉 편집기획위원, 철학연구회 연구위원장을 역임했다. 저서로 『미셸 푸코의 비판적 존재론』, 『인정의 시대』가 있고, 공저로 『프랑크푸르트학파의 테제들』, 『포스트모

던의 테제들』, 『현대정치철학의 테제들』, 『현대 페미니즘의 테제들』이 있으며, 역서로 『인정투쟁(공역)』, 『분배냐 인정이냐(공역)』, 『사회주의의 재발명』 등이 있다.

---

**박영도**

중민사회이론연구재단 수석연구위원. 논문으로 「인권의 3원구조와 동아시아 인권」(2016), 「세계화 시대의 민주주의: 그 딜레마와 전망」(2000)이 있고, (편)저서로 『시민들의 사회참여와 시민공동체』(2007)가 있으며, 역서로 『사실성과 타당성』(2000)이 있다. 관심 분야는 사회이론과 사상사이다.

---

**지그하르트 네켈(Sighard Neckel)**

독일 함부르크대학교 사회학과 교수. 주요 저서로 *Flucht nach vorn*(2008), *Strukturierte Verantwortungslosigkeit*(2010)(공저), *Leistung und Erschöpfung*(2013)(공저) 등이 있다. 관심 분야는 사회 불평등의 상징질서, 경제적인 것의 사회학, 사회분석, 감정사회학이다.

**역자: 김주호**

독일 마부르크 대학교와 프랑크푸르트 대학교에서 각각 사회학 석사와 박사 학위를 취득했다. 현재 중앙대학교 DAAD-독일유럽연구센터의 연구전담교수로 재직 중이다. 저서로 *Die paradoxe Rolle der Demokratie beim Übergang zum neoliberalen Kapitalismus in Südkorea*이 있고, 역서로 『기업가적 자아』이 있으며, 논문은 「현 시대의 자율성을 바라보는 두 시선」 등이 있다. 관심 분야는 정치사회학, 사회이론, 민주주의와 신자유주의 등이다.

RICH 트랜스내셔널인문학총서 7

# 폭력과 소통

트랜스내셔널한 정의를 위하여

**초판 1쇄 인쇄** 2017년 1월 24일
**초판 1쇄 발행** 2017년 1월 31일

_

**기 획** 한양대학교 비교역사문화연구소
**엮은이** 이창남

**펴낸이** 이방원
**편 집** 이윤석·김명희·안효희·강윤경·윤원진·홍순용
**디자인** 박선옥·손경화
**마케팅** 최성수

_

**펴낸곳** 세창출판사
**신고번호** 제300-1990-63호
**주소** 03735 서울시 서대문구 경기대로 88 냉천빌딩 4층
**전화** 02-723-8660 **팩스** 02-720-4579
**이메일** edit@sechangpub.co.kr **홈페이지** http://www.sechangpub.co.kr

_

ISBN 978-89-8411-664-1 93900



이 도서의 국립중앙도서관 출판시도서목록(CIP)은 서지정보유통지원시스템 홈페이지(http://seoji.nl.go.kr)와 국가자료공동목록시스템(http://www.nl.go.kr/kolisnet)에서 이용하실 수 있습니다.(CIP제어번호: CIP2017003013)

* 이 책은 2008년 정부의 재원으로 한국연구재단의 지원을 받아 수행된 연구임(NRF-2008-361-A00005).